Der Furz

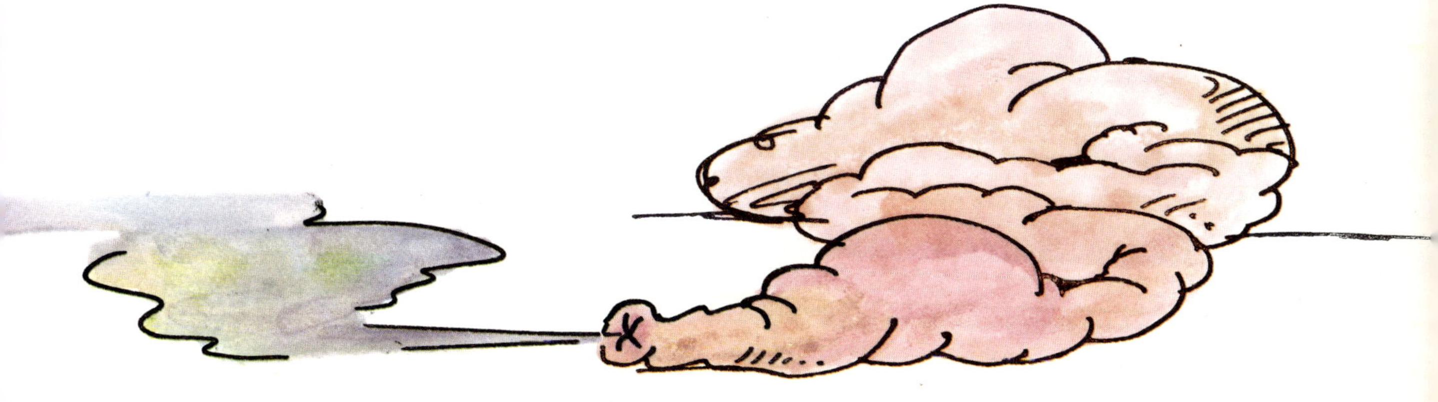

Der Furz

Zusammengestellt und kommentiert
von Alfred Limbach
Illustriert von Tomi Ungerer

Herausgegeben von Robert Pütz

argos press

Gesamtherstellung Druckerei Robert Pütz GmbH
© ISBN 3-88420-004-6

Der Furz und sein Inhalt

Erstens Luft, zweitens Duft

Das Vorwort zum Furz

Am Anfang Furzgottes Wort. Grollend entlädt es sich ihm, dem dieses Buch geweiht ist, dem Gott der Griechen, der Ägypter und der Römer, der sich vom Urknall an hinter die Furzenden dieser Welt stellte. Aber sich selbst Gehör verschaffen konnte dieser Gott nie, bald schon kam er bei den anderen Göttern in Verruch, stach er den Menschen in der Nase, wurde zum Unterdrückten: Gott Crepitus, der Gott des Furzes.
In Gustave Flauberts „Die Versuchung des heiligen Antonius" macht sich dieser Gott Luft:

„Auch mich, Crepitus, ehrte man einst. Man brachte mir Trankopfer. Ich war ein Gott! Der Athener grüßte mich als ein Vorzeichen des Glücks, während der fromme Römer mir mit erhobenen Fäusten fluchte und der Priester Ägyptens, der sich der Bohnen enthielt, bei meiner Stimme zitterte und bei meinem Geruch erbleichte.
Wenn der Kantinenwein auf unrasierte Bärte floß, wenn man sich an Eicheln, Erbsen und rohen Zwiebeln ergötzte und der zerstückelte Bock in der ranzigen Butter der Hirten briet, dann tat sich, ohne Sorge um den Nachbarn, niemand Zwang an. Die feste Nahrung gab eine dröhnende Verdauung. Unter der Sonne des Landes erleichterten die Männer sich gemächlich.
So ging ich ohne Ärgernis dahin, wie die anderen Bedürfnisse des Lebens. Ich war froh, ich machte lachen! Und wenn der Gast sich um meinetwillen vor Behagen streckte, atmete er seine ganze Lustigkeit durch die Öffnungen des Leibes aus.
Ich habe meine Tage des Stolzes gehabt. Der gute Aristophanes brachte mich auf die Bühne, und der Kaiser Claudius ließ mich an seiner Tafel sitzen. In den Latiklaven der Patrizier bin ich majestätisch umgezogen! Die Goldgefäße klangen unter mir wie Pauken; – und wenn, voll von Muränen, Trüffeln und Pasteten, das Innere des Herrn sich mit Gestöse entlud, so erfuhr das aufmerkende All, daß Cäsar gespeist hatte.
Aber gegenwärtig bin ich auf den Pöbel beschränkt – und man schreit entsetzt auf, schon bei meinem bloßen Namen!"

Soweit der Gott des Furzes, der mit seiner Klage nicht zurückhält – wie es die Menschen seit jeher mit dem gottgewollten Furz tun. Er, für die Freiheit geschaffen, wird seit jeher unterdrückt, was ihn zu einem stinkenden Schleicher degenerieren läßt, der in seinem Urwesen verändert sein Unwesen treibt, heimlich, still und leise in diese Welt gelassen, um von einer hochnäsigen Gesellschaft geortet und geächtet zu werden.
So war der römische Kaiser Caracalla nicht nur ein berühmter Christenverfolger, er war auch ein berüchtigter Furzverfolger. In seiner Regierungszeit war es nicht nur bei Todesstrafe verboten, Christ zu sein, sondern auch, vor Bildern des Kaisers und an heiligen Orten zu furzen. Caracalla ließ Zuwiderhandelnde hinrichten.
Etwas mehr Luft hatte der Furz unter Kaiser Claudius. Der Welteroberer, der damit anfing, jene Gastmähler zu veranstalten, die heute das Vorbild für alle Orgien sind, hatte oft mehr als 600 seiner

Freunde bei sich an der Tafel liegen. Zur weiteren Entkrampfung der Tischsitten bei römischen Gelagen erließ er ein Gesetz, „Blähungen bei Tisch entlassen zu dürfen – sei es laut, sei es leise". Er hatte nämlich erfahren, daß einer seiner Tischgenossen „infolge schamhafter Zurückhaltung" lebensgefährlich krank geworden war.

Ob Caracallas oder Claudius' Furzgesetze, ob Unfreiheit, ob Freiheit den Winden, zwischen beiden Extremen wechselt der gesellschaftliche Status des Furzes hin und her. Mal dominiert als Last die Verklemmung, mal als Lust die Enthemmung, die das Furzen kultiviert, ja, seine Ausdrucksformen sogar zur Kunst erhebt. Mehr darüber in den Kapiteln „Mit dem Urknall fing es an" und „Ars(ch)-farzandi".

Bleiben wir indes bei den Römern, und lassen wir uns von ihnen den Furz, so wie er gelassen, als Furz-Latein in Worte fassen. Erst einmal unterscheidet dieses Latein zwischen dem göttlichen Crepitus und dem teuflischen Flatus, es unterteilt damit, was von den vier Buchstaben ausgeht, den Furz, in zwei grundsätzliche Kategorien: den ungehemmt lautwerdenden, mit Schall und Donnerhall entweichenden und den verklemmt schleichenden leisen Furz, den stillen hinterfurzigen Stänker. Es wird in diesem Buch immer wieder vom Crepitus und vom Flatus zu lesen sein, die im Furz-Latein durch einen Oberbegriff zusammengefaßt werden: Vapor.

Laut Wörterbuch haben wir unter Vapor Dampf, Dunst, Rauch zu verstehen, warme Ausdünstung und heiße Glut, alles in allem: Furz. Ventus, der Wind, bläst uns da als Bezeichnung für Furz entgegen, auch Spiritus: Seele, Geist, Atem, Wind. Wie der Darmwind im Lateinischen, im Deutschen und in anderen Sprachen zum meistens lautmalerischen Ausdruck durch das Wort gefunden hat, ist im Kapitel „Name ist Schall und auch . . ." zu beriechen.

Dabei fällt auf – und es ist kennzeichnend für die Einschätzung und Bewertung des Furzes durch die Jahrhunderte, daß die Wissenschaft, die sich mitunter auch für das Furzen interessierte, für diese einer ihrer hinterletzten Disziplinen die Bezeichnung Flatologie wählte, also vom Flatus ableitet, jenem bis zum Geht-nichtmehr festgehaltenen, schließlich aus Rücksicht auf die Mitwelt durch zusammengepreßte Hinterbacken gehengelassenen – besser, schleichengelassenen – Stänker: ein Produkt verklemmter Gesellschaftsformen und -normen, die den göttlichen Crepitus verdrängt haben.

Vom gleichen Flatus entlehnt die Medizin die „krankhafte" Bezeichnung Flatulenz. Sie meint damit das vermehrte Abgeben übelriechender Gase aus dem Darm, ausgehend vom Meteorismus, worunter die Mediziner die Blähungen verstehen, die zur Blähsucht werden können. Gegen diese „Auftrommelung des Leibes" verschrieben die Doktoren bis zur Erfindung moderner Pharmaka sogenannte „Leibaufschläger", die als „Unteraufschläger" und als „Oberaufschläger" den Leib an seinen zuständigen Stellen öffnen sollten.

In manchen Fällen ist der Meteorismus Ausdruck eines ungelösten Konflikts, der

„heruntergeschluckt" oder „heruntergewürgt" wird. Ansonsten entstehen die Winde im Darm, die zum Blähbauch oder Gasbauch führen können, durch die natürlichen Gärungs- und Fäulnisprozesse im Ablauf des Verdauungsgeschehens, wobei besondere Nahrungsmittel – blähende Speisen wie etwa Kohlarten, Hülsenfrüchte und frisches Brot – die Gasbildung fördern. So wird also der Furz geboren, und auch heute ist er bei den meisten kein Kind der Liebe.

Indes, das Furzen erfährt in unserer Zeit – die ja auch von der sexuellen Befreiung gekennzeichnet wird – eine neue liebevolle Zuwendung. Mag sein, weil die Möglichkeiten des Lustempfindens ausgereizt sind, weil der moderne Mensch sich neue und zusätzliche Wege der Befriedigung zu eröffnen sucht: er entdeckt sein Furzen, die einzige Lust, die im Lassen besteht.

Die Qualität dieser Lust wird schon zu Luthers Zeiten beschrieben, des Reformers, der auch warme Worte zum Thema Furzen fand. „Aus einem verzagten Arsch fährt kein fröhlicher Furz", wird uns von ihm neben einigen anderen historischen Furzsprüchen überliefert. Aus seiner Zeit entstammt auch das Lustrezept: „Lieber gut gefurzt, als schlecht gefickt". Es fällt dabei auf, daß die aus dem prallen Leben schöpfende Literatur des 16. und 17. Jahrhunderts beidem gleichzeitig – genauer, dem Zusammengehen von Furz und Fick als Addition zweier Lüste – besondere Aufmerksamkeit schenkt. Spekulation ist es jedoch, das neudeutsche Wort für den Vorgang der Kopulation, „Bumsen", mit dem Furz in Zusammenhang zu bringen, obwohl mit „Bums" in der deutschen Sprache seit jeher der rundum befriedigende Furz gemeint ist. Man spricht vom Pumsen, und es ist nur eine kleine Lautverschiebung, die von dem fürs Furzen vielfach verwendeten Ausdruck Pumpern zum Pimpern hinführt. Man sieht: was sich in natura im Quadratzentimeter-Bereich der Lüste räumlich konzentriert, ist auch sprachlich kaum auseinanderzuhalten. Wie der Furz sich in unserer Sprache Geltung verschafft, wie er sich in der Etymologie auf vielfältige Weise äußert – von der klassischen Fluchformel bis zum aktuellen Klogekritzel – das alles ist Thema dieses Furzbuchs.

Es beschäftigt sich mit dem Furz als natürlichem Vorgang, als pneumatischem Problem und akustischem Phänomen, mit dem Furzen in all seinen Äußerungen und Auswirkungen – in diesem Sinne ist es ein „ausgelassenes" Buch.

Mit dem Urknall fing es an

Aus dem Anal der Geschichte

Wenn wir der Bedeutung des Furzens gerecht werden wollen, müssen wir uns mit seiner ruchreichen Geschichte beschäftigen, müssen zurück zu den Zeitpunkten, in denen er historisch zum ersten Mal Laut gibt.

Wir hören den ältesten literarisch bezeugten Furz in den „Homerischen Götterhymnen" aus dem 7. bis 6. Jahrhundert v. Chr. Sie dienten den Rhapsoden als Einleitung zu ihren Homervorträgen. Danach ließ der Götterliebling Hermes in den Armen Apollons einen die Götterwelt erschütternden Furz fahren, der bewirkte, daß der Sonnengott seinen Liebling zu Boden fallen ließ, um sich den fatalen Folgen der überirdischen Evaporation zu entziehen. In Vers 294 – 298, dem „Hymnus an Hermes" (in der deutschen Übersetzung von Thassilo v. Scheffer), klingt es göttlich in griechischer Komik:

Wohlüberlegt aber hob der starke Argosbezwinger mit den Händen sich hoch und ließ einen Adler entfahren, einen kräftigen Boten des Bauchs, einen wüsten Gesellen. Augenblicklich niest' er darauf. Das hörte Apollon, und aus den Händen warf er den edlen Hermes zu Boden.

Mit Herodot, dem Vater der Geschichte, beginnt im 5. Jahrhundert v. Chr. die eigentliche Geschichte des Furzes, und der erste historisch verbürgte Furz hat gleich verhängnisvolle Folgen, er bedeutet eine schwere politische Herausforderung und kostet einem König das Leben. Wir erfahren von diesem Furz aus dem Buch Euterpe, Kapitel 153:

Apries, der König der Ägypter, führte während seiner sonst glücklichen Regierung einst einen überaus verlustreichen Feldzug gegen die Kyrenäer, infolgedessen sein Volks von ihm abzufallen begann. Apries schickte den Amasis zu den Abtrünnigen, um sie zu besänftigen. Diese aber riefen den Abgesandten zum Könige aus, was nicht wider seinen Willen geschah. Als der neue König Anstalten machte, wider den Apries zu Felde zu ziehen, beauftragte dieser einen seiner bewährten Anhänger mit Namen Patarbemis, den Amasis lebendig zu ihm zu bringen. Bei der Unterredung, die zwischen den beiden stattfand, reckte sich Amasis, der zu Pferde saß, im Sattel, hub das Bein auf und ließ einen fürchterlichen Wind streichen, den er dem Könige zu überbringen befahl. Der Anlaß zum Kriege war gegeben. Die Könige zogen gegeneinander zu Felde. Apries unterlag und mußte zum Schluß sein Leben lassen.

Vom Furz als Kriegserklärung handelt auch das folgende Histörchen, überliefert nach Flavius Josephus, Geschichte des Jüdischen Krieges (66 bis 70 n. Chr.). Im 12. Kapitel „Cumanus und Felix Prokuratoren" heißt es da:

Als das Volk zum Feste der ungesäuerten Brote in Jerusalem zusammenströmte, war über der Säulenhalle des Tempels eine römische Kohorte aufgestellt, wie die Römer an Festtagen stets eine Heeresabteilung auf Wache stehen hatten, um einen etwaigen Aufruhr der versammelten Menge zu unterdrücken. Da zog auf einmal einer der Soldaten seinen Mantel in die Höhe, kehrte mit einer unanständigen Verbeugung den Judäern das Gesäß zu und gab einen seiner Stellung entspre-

Du mußt riechen, wenn ich furze.

(Sprichwort, Deutschland)

chenden Laut von sich. Entrüstet forderte die gesamte Menge von Cumanus mit lautem Geschrei, den Soldaten zu bestrafen; ja, eine Anzahl jugendlicher Hitzköpfe schritten ohne weiteres zum Angriff, rafften Steine zusammen und bewarfen die Soldaten. Die Folgen waren, wie der Geschichtskundige weiß, wiederum recht kriegerischer Natur.

Nun sind uns aus „Kriegsberichten" alter und neuer Zeit viele Zeugnisse von Verhöhnung durch das Furzen in Wort und Geste überliefert, gegen die sich die lauthalse Aufforderung des Götz von Berlichingen recht leise ausnimmt. Die Geschichte des Furzens als Beleidigung hätte eine bedenkliche Lücke ohne die Erwähnung des „kaudinischen Jochs". Hier wird ein Vorgang namens „Pernacchio" beschrieben:

„Pernacchio ist ein Geräusch, das man mit dem Munde macht und das ein Geräusch der entgegengesetzten Pforte nachahmt. Es gilt als böse Verhöhnung, sogar als blutige Herausforderung. Das Pernacchio ist uralt; es geht bis auf die alten Römer zurück. Es scheint, daß es die Samniter um 300 v.Chr. aufgebracht haben. Die Sage erzählt, daß, als das römische Heer unter dem kaudinischen Joch seinen Parademarsch vollführen mußte, die Samniter diese fromme Übung mit Pernacchio begleiteten, und daß durch dieses Geräusch, nicht durch das Joch, die Römer sich beleidigt fühlten.

Verlassen wir das Thema des mehr als die Nase beleidigenden Furzes. Forschen wir weiter nach den Spuren des „Crepitus", des lauten, knallenden, und des „Flatus", des leisen, schleichenden Furzes, eine grobe Klassifizierung, wie sie die Römer vornahmen.

Den Crepitus verehrten sie sogar als Gottheit:

„. . . die ganze Lustigkeit durch die Öffnungen unseres Leibes ausatmen",

so hieß das Credo, nach dem die bekannten römischen Gelage ausgerichtet wurden. Auch in der Bibel der Christen bleibt das Furzen nicht unerwähnt. Im Alten Testament heißt es:

„Wenn der Herr den Leib geschlossen hat, ist die Seele traurig."

Woraus folgt, daß die Menschenseele allen Grund hat, fröhlich zu sein, wenn der Leib seine Pforte öffnet.

„Behaupten diese noch, daß man Blähungen ebenso freigeben müsse wie das Aufstoßen",

so beschreibt Cicero (Lib. IX, Ep. 22) die Auffassung der Stoiker, nach der Furzen und Aufstoßen „einer Natur" seien. Selbst der sittenstrenge Cato schreibt in seinen Fragmenten (in venturium „de sacrificio comisso") über das „Um-die-Wette-furzen" seiner Knechte und Mägde unter ihren Flickendecken:

„Nullum vitium mihi facit" –
„Das macht mir gar nichts."

Pindar beginnt seine 11. olympische Ode, die er dem Faustkämpfer Agesidamos widmet, mit dem schönen Vers (hier in der Übersetzung von Hölderlin):

„Es sind den Menschen Winde das größte Bedürfnis."

Wenn ein Dichter wie Pindar diesen Vers an den Anfang einer Ode setzt, so können wir daraus erkennen, welche Bedeutung die alten Griechen den Blähungen

beimaßen – und damit dem Furzen.
Die Römer standen den Griechen hierin nicht nach. Seneca hat uns eine naturwissenschaftliche Betrachtung hinterlassen, in der er die Entstehung des Windes mit unseren körperlichen Blähungen vergleicht. Er unterscheidet dabei genau den Crepitus und Flatus und unterläßt nicht, auch deren Wirkung auf unseren Geruchssinn zu erwähnen. Er freut sich, daß die Natur es beim Winde beläßt und uns mit „größerem Dreck" verschont. Hierbei übersieht er wohl, daß die Erde ihre Exkremente durch die Vulkane nach außen befördert. Die Stelle lautet (L. Annaei Senecae Natur, Quaest. Lib. V 4):
„Wie in unserem Leib durch die Speise Blähung entsteht (die beim Fahrenlassen unsere Nase gröblich beleidigt und den Bauch manchmal tönend erleichtert, manchmal ziemlich lautlos), so, meint man, lasse auch diese große Natur beim Stoffwechsel einen Wind fahren – es ist gut für uns, daß sie immer nur auf diese Weise aus sich herausläßt, was sie verdaut, sonst hätten wir einen größeren Dreck zu befürchten. Es ist also doch wohl die Behauptung richtiger, daß überall und fortgesetzt aus der Erde Körperchen schweben. Dadurch, daß diese sich zusammenballen und danach durch die Sonnenwärme sich auszudehnen beginnen, entsteht Wind, denn alles, was in einer Enge weiter wird, begehrt einen größeren Raum."
Nach dieser naturgeschichtlichen Betrachtung wenden wir uns in der Historie des Furzens seiner gesellschaftlichen Einschätzung zu. Da haben wir als ersten Furzverächter der Geschichte Diogenes. Kaiser Julian führt in seiner Rede an die Kyniker um 360 v.Chr. über „Unterdrücker" Diogenes wohlmeinend folgendes aus (Kaiser Julians Rede gegen die ungebildeten Hunde):
„. . . ich will zunächst einmal etwas von Diogenes erzählen, was meiner Ansicht nach ein Beweis von großer Würde ist, wenn auch freilich die große Menge darüber lachen wird. Als nämlich einer von den jungen Leuten im Volksgewühl, worunter sich auch Diogenes befand, einen Wind fahren ließ, da versetzte ihm dieser mit seinem Stab einen Schlag und sagte: „O, du Auswurf des Menschengeschlechtes, du hast ja noch nie etwas geleistet, das dich berechtigte, dir vor allen Leuten solche Kühnheiten herauszunehmen, und du willst wohl so den Anfang mit der Verachtung der öffentlichen Meinung machen?" So fest war er davon überzeugt, man müsse zuvor Herr über die Lust und die Leidenschaft werden, ehe man sich an das dritte, letzte Ringen heranwage, und sich zum Kampfe gegen die Meinungen der großen Menge anschicke, welche diese in unzähliges Unheil stürze."
Von Seneca zu Petronius, einem der bedeutsamsten Satiriker des römischen Altertums. Er läßt die arbeitende Klasse gegen die herrschende „protestfurzen". In seinem Satyricon berichtet Petronius von einem ergötzlichen Wettfurzen zwischen Gyton, dem Knaben des Herrn, und Corax, seinem Diener. Auf einer beschwerlichen Reise hatten beide schweres Gepäck zu schleppen. Der Diener schimpfte unablässig, er warf seine Bür-

de ab und sagte fluchend, er sei kein Packesel und auch kein Lastschiff und habe sich auch nicht als Gaul verdungen. Dann heißt es:
„Noch nicht zufrieden mit diesen Schimpfereien hob er dann und wann ein Bein in die Höhe und schwängerte unter widerlichen Geräuschen die Straße mit Gestank. Gyton lachte über die Widerspenstigkeit des Dieners und furzte wiederholt in der gleichen Lautstärke wie er."
Bleiben wir in Rom. Es ist das unchristliche Rom, etwa 200 v.Chr. Ein Lustspiel des Plautus wird aufgeführt, und es verschafft den Furzern Gehör und gesellschaftliche Achtung.
Dröhnende Lachsalven erschallen aus dem Theater bis auf die Straße, so daß die Vorübergehenden aufhorchen und stehenbleiben. Aber das Lachen will kein Ende nehmen. Was ist geschehen? Auf der Bühne sind die Kunstfurzer in Tätigkeit. Wenn man berücksichtigt, daß es sich im alten Rom nur immer um Freilichtbühnen handelte, so kann man ermessen, welcher Druck dazu gehörte, sich in dem weiten Raum der antiken Arena Gehör zu verschaffen. Die Römer konnten es.
Plautus stellte auch außergewöhnliche Anforderungen an seine Schauspieler. Seine Lustspiele, die von Derbheiten strotzten, erfreuten sich mehrere Jahrhunderte hindurch allergrößter Beliebtheit beim Volke. An allen Ecken und Enden wird da gerülpst, gekotzt und gespuckt, gepißt, gekackt und gefurzt. Diese im heutigen Sinne anstößige Betätigung auf offener Bühne war ein Kunstmittel ersten Ranges. Sie hielt das Publikum in Stimmung und machte Laune. Wenn Salven von Fürzen auf den Brettern erschallten, wußten sich die Zuschauer vor Freude nicht zu fassen und überschütteten die Schauspieler mit frenetischem Applaus. Ebenso häufig wie sich bei Plautus die Blähungen auf der Bühne hören lassen, bilden sie auch ein besonders beliebtes Gesprächsthema seiner handelnden Personen, z.B.: Ich werde aus jedem einzelnen von ihnen einen Polenta-Furz herausholen (Curculio II, 3, 16).
In derselben Szene (Vers 33) wird es Curculio schlecht. Man fragt ihn, ob er Wasser will; aber er zieht Bouillon vor. Man verwünscht ihn. Er fragt um die Erlaubnis, furzen zu dürfen. Man versteht ihn falsch und fächelt ihm Wind zu. Er verbittet sich das und furzt kräftig, um sich an seinem eigenen Wind zu erfreuen.
Im „Truculentus" fragt die Hetäre Phronesium des Diniarchus: „Hast du guten Stuhlgang gehabt?" – Der Sklave Kuamus furzt ins Hemd, um „die Scheißflecken zu trocknen". Kurz darauf muß er auf den Abort; während er verschwindet, furzt er derart, daß Phronesium Kopfschmerzen davon bekommt.
Die besondere Veranlagung zum Furzen ist schon im Namen des Sklaven angedeutet – Kuamus (griechisch: Bohne). Ihm war wohl so nach Genuß dieser Hülsenfrucht. Da Bohnen damals ein bevorzugtes Nahrungsmittel bildeten, scheint man allgemein unter ihrer Wirkung gelitten zu haben.
Schon Pythagoras pflegte an die Mitglieder seines Ordens folgende Mahnung zu richten: „Enthaltet Euch der Bohnen."

Und Plautus wußte es auch. In der Regel pflegten seine Schauspieler furzend abzugehen, begleitet von schallendem Applaus des Publikums. Den Furzer nennt Plautus ein Vieh mit doppelter Zunge, eine „bilinguis bestia". Wenn jemand furzt, fragt die Magd: „Was gefällig?" oder „Wie bitte?"

Bleiben wir beim „Theaterdonner" der Römer, der in Italien bis in Goethes Zeiten als besondere Kunst seinen Widerhall in der Gunst des Publikums fand. In Ekkermanns Gesprächen mit Goethe finden wir unter „Sonntag, dem 14. Februar 1830" folgende höchst bemerkenswerte Stelle:

„Goethe sprach alsdann über den Neapolitaner Pulcinello:

Ein Hauptspaß dieser niedrig komischen Personnage, sagte er, bestand darin, daß er zuweilen auf der Bühne seine Rolle als Schauspieler auf einmal ganz zu vergessen schien. Er tat, als wäre er wieder nach Hause gekommen, sprach vertraulich mit seiner Familie, erzählte von dem Stück, in welchem er gespielt, und von einem anderen, worin er noch spielen solle; auch genierte er sich nicht, kleinen Naturbedürfnissen ungehinderte Freiheit zu lassen.

‚Aber, lieber Mann', rief ihm sodann seine Frau zu, ‚du scheinst dich ja ganz zu vergessen; bedenke doch die werte Versammlung, vor welcher du dich befindest!'

‚E vero! E vero!' erwiderte darauf Pulcinello, sich wieder besinnend, und kehrte unter großem Applaus der Zuschauer in sein voriges Spiel zurück."

Schließen wir erst einmal das Anal der Geschichte hinter Urknall und Theaterdonner. Wie das Furzen weiterhin die Geschichte durchweht, wie das Furzen die Dichterworte beflügelt, wie es sich über die weiteren Jahrhunderte in Kunst und Kultur äußert, welche Rolle es – befreit oder unterdrückt – in der Gesellschaft spielt, wird in den folgenden Kapiteln nachzuvollziehen sein.

„Gebt Freiheit Euren Winden. . .“
(Liselotte von der Pfalz, Furzbrief)

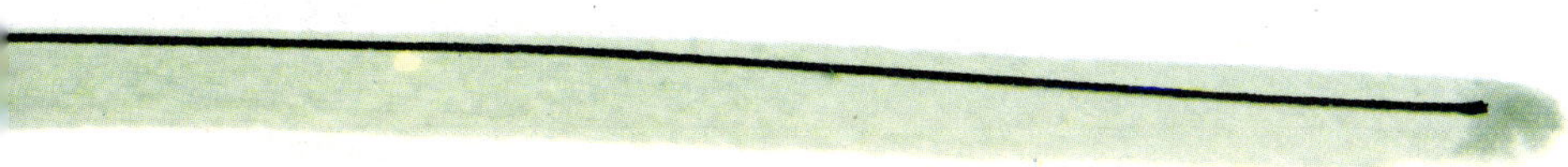

Die Würze der Fürze

Das Furz-Wesen. Die Furz-Arten.

VON DEM WESEN DES FURZES

Wenn wir zunächst fragen, welchen Rang der Furz unter seinen Mitwesen einnimmt, so finden wir leider, daß bisherige Forscher, sei es böswillig aus persönlicher Abneigung, sei es aus Mangel an Fähigkeit, das innerste Wesen des Furzes zu erforschen und zu erfassen, demselben eine zu niedrige Stufe angewiesen haben. Wenn man den Furz daher bis jetzt allgemein für ein lebloses Wesen gehalten hat, so müssen wir ihm seinen Platz unter den lebenden Wesen anweisen, ja wir dürfen ihn dreist in eine höhere Klasse versetzen, als den Band-, den Regen-, den Spulwurm, die geschlechtlos sind. Ebenso ist es allgemein feststehend, daß der Furz männlichen Geschlechts ist, denn man sagt eben der und nicht die Furz. Irrtümlich wäre es allerdings, daraus die Annahme herleiten zu wollen, daß es nur Fürze des männlichen Geschlechts gebe, – denn wenn auch im allgemeinen der Furz weiblichen Geschlechts seltener auftritt, wie ja weibliche Bienen, Ameisen, Termiten, Schmetterlinge seltener sind als die männlichen, so ist die Existenz weiblicher Fürze doch eine zu allgemein anerkannte, um irgendwie angezweifelt werden zu können.

Nachdem wir so gesehen, daß der Furz mit einem Geschlechtartikel ausgestattet ist, wenden wir uns seinen sonstigen Eigenschaften zu. Wir finden sehr bald, daß es dem Furz, abgesehen vom Geruch, der ja nur in seltenen Ausnahmefällen vermißt wird, nicht an Gehör fehlt. Innig mit dem Gehör verbunden ist eine zuweilen wohlklingende und einschmeichelnde, zuweilen heftige und drohende, immer aber sehr beredte Sprache des Furzes.

Daß es auch Fürze gibt, die sich der Sprache gänzlich enthalten, die stumm sind, kann uns nicht Wunder nehmen, die wir ja auch nicht beständig von unserer Sprache Gebrauch machen. Ebenso kann der zuweilen fehlende Geruch nicht identisch mit einer absoluten Geruchlosigkeit des Furzes sein. Der Furz ist eben ein freiheitlich organisiertes Wesen, welches von seinen Gaben den Gebrauch macht, den es selbst will, nicht den, der ihm vorgeschrieben ist, denn sonst würden allerdings alle, wenigstens die meisten Fürze, stumm und geruchlos sein.

Gottlob ist dem nicht so. Wohl aber gibt uns diese zeitweilige Enthaltsamkeit des Furzes Gelegenheit, ihn, abgesehen davon, ob er männlich oder weiblich ist, von zwei großen Gesichtspunkten aus zu betrachten und zu klassifizieren, das heißt nach dem eventuellen Vorhandensein oder Nichtvorhandensein von Geruch und Gehör.

Erörtern wir hier, bevor wir zu der Klassifizierung des Furzes übergehen, nur noch in kurzem einen, aber ziemlich bedeutenden Punkt. Wir meinen sein Herkommen. Schon vorher erwähnten wir, daß Adam mutmaßlich den Furz erfunden habe, und so haben wir bis zur Evidenz die Quelle des Furzes im Menschen selbst gefunden.

Obgleich der Furz vor seiner Entstehung von dem innern Menschen verarbeitet, erzeugt, gehegt und gepflegt wurde und mit Organen in Verbindung stand, von denen der Laie sich nichts träumen läßt, so wäre es doch falsch, ihn als einen getreuen Abdruck des innern Menschen selbst aufzufassen. Dagegen spricht schon seine geringe Stabilität. Diese ist es jedoch gerade, welche uns Gelegenheit gibt, sein echtes Wesen richtig aufzufassen.

Da der Furz nämlich keinen bleibenden Aufenthalt hat, sondern gleich einem mutigen Touristen überall eindringt und sich zu verbreiten strebt, – müssen wir ihn deshalb nicht als einen Reisenden betrachten? Wir könnten ihn als Reisemissionar der Quäker hinstellen, jedoch als Ausgangspunkt liegt der Leib, der Darm vor uns, warum sollen wir ihn daher nicht Leibziger, oder bei weitem besser, Darmstädter nennen? Diese Bezeichnung ist jedoch nicht passend, sie ist zu cordial, zu vertraulich.

Gleich den anderen Vornehmen der Jetztzeit und daß er zu diesen gehört, können uns täglich Fürze von königlicher und kaiserlicher Abkunft beweisen, beliebt es ihm nämlich, bald öffentlich, bald im Geheimen, seine Ausflüge zu machen, bald cognito, d.h. mit Geräusch, bald incognito, d.h. mit nachfolgendem Geruch, – bald ohne dasselbe zu reisen, wir müssen ihn also mindestens als einen sehr vornehmen Darmstädter ansehen.

VON DEN ARTEN DES FURZES

I. Generelle Klassifizierung
Wir teilen die Fürze
in folgende 4 Klassen:

1. Der Darmstädter cognito – ohne Gefolge.
2. Der Darmstädter cognito – mit Gefolge.
3. Der Darmstädter incognito – ohne Gefolge.
4. Der Darmstädter incognito – mit Gefolge.

Nr. 1.
Der Darmstädter cognito – ohne Gefolge (vapor tonans comm.), der laute, geruchlose Furz.

Ist im Großen und Ganzen genommen eher nützlich als schädlich, ja er vermag, wenn wir mit ihm allein sind, unser Ohr mit den zuweilen barocksten, zuweilen liebkosendsten Melodien zu kitzeln und beweist damit seine entschiedene musikalische Befähigung. Doch wird er, wenn er allzu zahlreich auftritt, immerhin zuweilen lästig, besonders bleibt es jedoch ratsam, ihn in Damengesellschaft oder bei steifen Visiten zu Hause zu lassen.

Obgleich Damen unter sich, wie Herren unter sich, sein Erscheinen oft mit großer Heiterkeit begrüßen, tut man doch wohl, ihn in gemischter Gesellschaft höchst sparsam zu genießen.

Gleichzeitig sei noch erwähnt, daß, obgleich es egal ist, in welches Hosenbein er geht, es doch von großer Wichtigkeit ist, aus welchem Stoff diese bestehen, da die Resonanzkraft, welche z.B. in einer Lederhose liegt, den musikalischen Reiz dieses Furzes außerordentlich zu erhöhen vermag.

Nr. 2.
Der Darmstädter cognito – mit Gefolge (vapor tonans odoratus), der gemeine, laute Stinkfurz.

Sein Auftreten gleicht dem eines rohen, ungebildeten Menschen, und gleich diesem ist er fast nie gern gesehen, es sei denn, daß man in sehr kalten Nächten im ungeheizten Zimmer schläft, wo man sich wohl an seiner animalischen Wärme erfreuen und gern auf die damit verbundene oft außerordentlich lang anhaltende Detonation lauschen mag.
Bei Tage dagegen ist sein Auftreten ebenso unangenehm als kühn, energisch und rücksichtslos, und wenn man schon in der Einsamkeit, in der man sich doch leichter auf sein Erscheinen vorbereiten kann, vor seiner durchgreifenden Intensität erschrickt, so wird in zahlreicher, auf sein Erscheinen nicht vorbereiteter Gesellschaft, seine oft von heftigem Brandgeruch begleitete Detonation zuweilen mit Schreckens- und Entsetzensrufen bemerklich gemacht.
Die Erfahrung lehrt, wie ja genügend Beispiele zeigen, daß dieser Furz im Stande ist, eine Gesellschaft von 7 – 8 Personen, welche mit Lektüre, Kartenspiel und dergleichen in einem geschlossenen Raum beschäftigt sind, mit lauten Jammerrufen und mit angehaltenem Atem eiligst auseinander zu treiben und zu zerstreuen.
Oft jedoch flößt er einen größeren Schrecken ein, als nötig ist, und wenn uns auch die Geschichte von einigen außerordentlichen Fürzen dieser Gattung berichtet, so ist andererseits anzuerkennen, daß er im Bewußtsein seiner Kraft stets offen und ohne Hintergedanken auftritt und sich von vornherein als der zu erkennen gibt, der er ist.

Nr. 3.
Der Darmstädter incognito –
ohne Gefolge (vapor communissimus),
der gemeine oder Luftfurz.

Dieser Furz verhält sich sämtlichen Sinnesorganen gegenüber so indifferent, daß frühere Forscher ihn als ganz getrennt von sämtlichen anderen Spezies betrachtet und zu den einfachen Winden, ventus simplex, gerechnet haben.
In der Tat wirkt er, abgesehen von dem ihn objektiv als Subjekt empfindenden Individuum, kaum anders, als ein bald wärmerer, bald kühlerer Wind. Dennoch ist er ein richtiger Furz und als solchen können wir seinen häufigen Genuß nicht dringend genug empfehlen.
Vom sanitätspolizeilichen Standpunkt aus verdient er jeden irgend möglichen Schutz, weil er sehr gesund und erleichternd wirkt, vom ästhetischen Standpunkt aus kann man ihm auch nichts nachsagen, weil er niemand belästigt.
Auch ist er auf künstlichem Wege musikalischen Leistungen nicht abgeneigt – und zugleich lehrt das Experiment, daß er eigentlich mit Nr.1. identisch ist – man lasse ihn nämlich mit etwas verstärktem Druck in einen leeren eisernen Topf, eine leere Flasche oder ein ähnliches Instrument von starker Resonanz und man wird aus ihm einen klangvollen vapor tonans erzielen.

Nr. 4.
Der Darmstädter incognito –
mit Gefolge (vapor perfide odoratus),
der gemeine Schleicher.

Wie schon der Name lehrt, haben wir es hier mit einem heimtückischen und hin-

terlistigen Intriganten zu tun, und in der Tat führt diese Spezies ihren Namen mit vollem Verdienst. Leider nämlich verwechselt man ihn nur zu oft mit der eben beschriebenen Spezies und gibt sich auch in den ersten Momenten nach seinem Erscheinen dieser süßen Täuschung hin, – um durch sein allmähliches Emporsteigen, welches oft von entsetzlicher Wirkung ist, enttäuscht zu werden.
Genießt man ihn allein, so mag man ihm noch eher verzeihen, allein in Gesellschaft anderer wirkt er für seinen Urheber niederschmetternd im höchsten Grade. Ihm ist es unter anderem auch zu verdanken, daß man sich mit dem vapor communissimus nur mit Gewissensbissen und zeitweiliger Angst befreunden kann. Seine Kraft ist unglaublich und seine Wirkung um so niederschmetternder, als er durch keine Detonation Veranlassung gibt, Vorkehrungen zum Schutze des Geruchsinnes zu treffen. Hierbei ist nicht zu vergessen, daß er leider nur zu häufig in größerer Zahl beisammen, gruppenweise z.B. in Art einer arithmetischen Reihe auftritt, wie man besonders nach starkem Genuß von Hülsenfrüchten oder Gemüsen bemerken kann.
Nächstdem gibt es nur zu oft Gelegenheit, Unschuldige zu verdächtigen, was besonders in Schulen heftige Erörterungen herbeiführt, allein auch unter Erwachsenen Disharmonien veranlaßt. Man tut daher wohl, ihn gänzlich zu beseitigen.

II. Spezielle Klassifizierung

Nachdem wir uns bisher mit der generellen Betrachtung des Furzes beschäftigt haben, wenden wir uns von dieser abstrakten zu einer konkreten Betrachtungsweise.
Es wird zunächst unsere Aufgabe sein, den Furz, möge er einer Klasse angehören, welcher er wolle, in allen möglichen Situationen, in denen er auftritt, zu beobachten und zu schildern, – alsdann, ausgehend von den ihm innewohnenden Eigenschaften die Frage zu erörtern, wie, wo, wann, warum und wozu wir den Furz, welchen auch immer, zu unseren Zwecken ausbeuten, ihn benutzen und uns dienstbar machen, endlich auf welche Weise wir uns beliebig den einen oder anderen Furz zubereiten und verschaffen.
Was nun zunächst den Furz in verschiedenen Situationen betrifft, so ist er eben je nach Umständen ein so verschiedener, ein so ganz anderer als in anderen Situationen, daß wir, zwar unter Aufrechterhaltung unserer obigen generellen Kategorien hier eine zweite Einteilung und Benennung einführen müssen und zur Spezialisierung übergehen können.

1. Der Gesellschaftsfurz (vapor circumsessus nobilis), der schlechthin Unumgängliche.

Derselbe gehört der 1., 2. und 4. unserer eben ausgeführten Kategorien an und ist eine allgemein gefürchtete, glücklicherweise nicht allzu häufige Spezies.
Man trifft ihn nur in großen Gesellschaften. Obgleich man bemüht ist, ihn zu unterdrücken oder sich mit ihm vor seinem Entstehen aus dem Lokal zu entfernen, so gelingt dies doch nur in den seltensten Fällen, und nur zu oft wird er, jedoch

stets nur von Herren, und auch von diesen nur mit den heftigsten Gewissensbissen gelassen.

Mögen die Folgen jedoch auch noch so empfindlich und nachhaltig sein, so kann man doch seine Wirkung durch Vorsicht paralysieren. Gehört er nämlich der ersten Kategorie an, d.h. cognito, ohne Gefolge, so rückt man im Augenblicke des Lassens recht kräftig mit dem Stuhle, räuspert sich heftig, spricht überlaut oder macht irgend ein ähnliches stärkeres Geräusch.

Gehört er der 4. Kategorie an, incognito, mit Gefolge, so steckt man sich gleichzeitig mit 5 bis 6 Schwefelhölzern die Zigarre von neuem an, oder, falls nicht geraucht wird, eilt man an den Ofen und macht sich an der Ofenklappe zu schaffen.

Gehört er endlich der 2. Kategorie an, d.h. cognito, mit Gefolge – so springt man entweder auf und sieht seinen Nachbarn empört an, als hätte er ihn gelassen – oder man wird rausgeschmissen.

Was endlich die Anwendung dieses Furzes betrifft, so ist derselbe nur äußerst mäßig und mit der gespanntesten Aufmerksamkeit zu genießen, denn trotz der größten Vorsicht kann man nur in den seltensten Fällen vorher das Wesen des Furzes feststellen, so daß es passieren kann, daß man sich bei einem vapor tonans die Zigarre ansteckt und bei einem vapor odoratus die Aufmerksamkeit durch Räuspern etc. erregt und erhöht.

2. Der studierende Furz
(vapor maximus litteratus),
der gemeine Bierfriedrich.

Er gehört durchweg der 2. oder 4. Kategorie an, denn er ist stets mit außerordentlichem Gefolge versehen. Er findet sich nur bei den akademischen Bürgern deutscher Universitäten und zeigt sich meist gruppenweise und in größeren Mengen beieinander.

Am häufigsten findet man ihn in den Morgenstunden nach einem Bier-Commers, und hier trifft er alsdann mit außerordentlicher Vehemenz auf. Abgesehen von seiner Detonation, die mitunter nicht weniger mächtig, als barock und ergreifend ist, ist sein Umfang ein so bedeutender, daß er den fast aller anderen Spezies übertrifft.

Er füllt bei seinem Entstehen sofort einige hundert Kubikfuß aus und ist in seiner Wirkung äußerst dauerhaft, denn er widersteht der beharrlichsten Lüftung. Diese wäre auch schon deshalb vergeblich, weil, wenn kaum der erste verflüchtigt ist, schon der zweite die erst befreiten Räume erfüllt. Man tut daher gut, ihn ungestört sich selbst zu überlassen und man wird finden, daß er nicht ganz ohne Nutzen ist.

Man kann ihn nämlich anwenden, einmal um sich schlechte Gesellschaft, als da sind böse Freunde, Schneider, Juden und Manichäer, nachdrücklich auf längere Zeit vom Leibe zu halten, andererseits wendet man ihn bei heftigem Kater dazu an, sich selbst damit zu betäuben. Wird nämlich die Auflage dieser Spezies verstärkt und verbessert, so fällt man alsbald in eine gelinde Ohnmacht, in der man Kopfschmerzen, Kater, Furz und sich selbst vergißt.

3. Der Zirkusfurz
(vapor circensis maximus),
der schwere Knaller.

Er gehört gemeinhin der 2. oder 4. Kategorie an und gibt in seinem odor dem der eben beschriebenen Spezies kaum etwas nach.
Man findet ihn bei Zirkus-Veranstaltungen, Festzügen, Betriebsfeiern und ähnlichen Volksbelustigungen, vornehmlich aber bei Schauspielen und Darstellungen, wo er auf der dichtgedrängten Galerie oder auf dem letzten Platz mit ungewohnter Kraft und Fülle erzeugt wird. Seine Wirkung ist erschütternd, denn trotz spartanischer Abhärtung sind viele Ohnmachten seine beständige Wirkung.
Seine Anwendung liegt in seinem Wesen begründet. Wenn man nämlich in einem Volksknäuel eingekeilt ist und von allen Seiten so bedrängt ist, daß man kaum atmen kann, alsdann bedient man sich eines Zirkusfurzes.
Die Wirkung ist drastisch. Mit Wehlauten stiebt die entsetzte Menge auseinander und man kann einige Zeit im freien Raum aufatmend der Verlauf des Schauspieles bequemer beobachten. Allerdings muß der Furz zuweilen aufgefrischt werden und wechselt man, um dem Schrekken eine immer neue Form zu geben, bald mit dem vapor tonans, bald mit dem vapor mutus ab.

4. Der Damenfurz
(vapor puellarum),
der kleine geruchlose Fist.

Wie schon der Name andeutet, gehört er nicht zu den vaporibus odoratis, andererseits ist sein Ton ein so zarter, daß man ihn fast für einen vapor communissimus halten möchte.
Er lautet fein und dünn wie ...i...i..i.
Man findet ihn in Damencafés, Lesekränzchen oder bei ähnlichen ästhetischen Vergnügungen des anderen Geschlechts.
Seine Anwendung ist eine höchst mäßige, jedoch kann er, wenn eine Pause eingetreten ist und sich etwas Langeweile geltend macht, recht wohl zur Animierung empfohlen werden. Sind die Damen unter sich, so wird er nämlich von allgemeinem Gelächter begleitet, sind jedoch Herren dabei, so folgt ihm ebenso allgemeines Erröten.

5. Der Furz mit Sauce
(vapor succulentus),
der nasse, gelbe Färber.

Derselbe läßt sich schwer einer der eben angeführten Kategorien unterordnen, da es bisher noch nicht gelungen ist, seine Natur stereotyp zu bestimmen. Er tritt nämlich stets mit starkem Duft auf, und sein Erscheinen ist immer von einem leise prutzelnden Geräusch begleitet.
Voreilig wäre es jedoch, ihn deshalb ohne weiteres für einen vapor tonans odoratus zu erklären, oder, weil die Detonation eine sehr gelinde ist, ihn als einen vapor perfide odoratus hinzustellen, eine Ansicht, die um so entschiedener zurückzuweisen ist, als eben die Existenz und das Dasein einer Detonation evident feststeht.
Die Schwierigkeit liegt eben in dem gan-

zen Wesen dieser Spezies. Dieser Furz ist nämlich, wie schon sein Name andeutet, beständig mit einer anderen Materie in inniger Verbindung, der man nicht mit Unrecht den Namen Sauce beigelegt hat. Nun aber ist es die Aufgabe des Forschers, zu sichten und gründlich zu untersuchen, ob Geräusch und Geruch dem vapor selbst, oder etwa der Sauce angehören.

Wir verhehlen uns nicht, daß die Beantwortung dieser Frage eine äußerst schwierige ist, um so schwieriger, als die Situation, in der diese Spezies auftritt, nicht zu einer sofortigen gründlichen Untersuchung geneigt macht. Sein Erscheinen flößt nämlich beständig dem denkenden und fühlenden Subjekt einen jähen Schrecken ein, der im ersten Augenblick Verstand und Glieder lähmt, im zweiten Augenblick jedoch beide unwiderstehlich dem sichernden locus zutreibt. Geben wir also zu, daß diese Frage vorläufig eine offene bleibe.

Am meisten Billigung verdient noch die Annahme, daß der liquor einfach ein feuchter Niederschlag des vapor selbst, eine beginnende Krystallisation des Furzes sei, und so hätten wir denn eine Verwandlung des luftförmigen flüssigen in einen tropfbar flüssigen Furz.

Als solchen müssen wir dringend raten, ihn höchst sparsam zu genießen, denn abgesehen von dem schädlichen Horror, der stets seinem überraschenden Auftreten folgt, so wohnen dem ihn begleitenden Humor, wie sein anderer Name andeutet, auch andere Kräfte inne. Abgesehen nämlich von der unangenehmen warmen Feuchtigkeit, hat die Sauce die Eigenschaft, alles, was ihr in den Weg tritt, gelb zu färben. Es ist daher zu empfehlen, ihn nur mit der Serviette in der Hand zu genießen.

Auch läßt sich dieser Furz als vapor esculentus künstlich zubereiten und kann dann als feine Furzkonserve aus der Dose gezogen werden. Denjenigen unserer schönen Leserinnen, die ihr Kochbuch um ein pikantes Rezept vermehren wollen, teilen wir hier die Erzeugung dieser Spezies auf künstlichem Wege mit.

Rezept:

Auf 1 Pfund Morrisson'scher Pillen wird unter beständigem Umrühren ein Quart Daubitz gegossen und, wenn die Masse gut durchgerührt ist, werden 1 Löffel Bullrich und 2 Löffel Bittersalz daran getan. Diese Mischung wird früh unter Beilage von sauren Gurken mit einigen Gläsern Apfelwein genossen, worauf man nur kurze Zeit zu warten braucht, um den künstlich gemachten, einzumachenden Furz schön und saftig zu erhalten. Für den Wintergebrauch kann man ihn auch auf Flaschen ziehen.

6. Der militärische Furz
(vapor solidatus).

Man trifft ihn in den mannigfaltigsten Spielarten an und unterscheidet zunächst den

Kolonnenknaller, vapor exercitans campestris manipularis.

Er findet sich, wie der Name zeigt, in Truppenmassen von einer Kompanie und darüber, wenn selbige im Dienste sind, und zeichnet sich durch einen un-

geheuren, von Statistikern und Nationalökonomen angestaunten Aufwand von Schwefelwasserstoff aus. Aus diesem Umstand weiß jedoch der Krieger, schlau wie er ist, mannigfaltigen Vorteil zu ziehen.
Während des Stillstands bedienen sich nämlich die hinter der Front verteilten Unteroffiziere zuweilen dieser Spezies als eines ausgezeichneten Probiersteins der Disziplin, und es gilt als der erste Beweis von der Unerschrockenheit des jungen Soldaten, wenn er unerschüttert die wildwogenden Schallwellen dieses Furzes sein Geruchs- und Gehörsorgan umtosen läßt.
Langgediente Soldaten wenden ihn dagegen ihrerseits an, um die hinter dem Glied stehenden, ihnen unliebsamen Vorgesetzten salvenweise damit zu belegen.
Ist bei drückender Hitze und starkem Staub ein feldmarschmäßig bepacktes Bataillon in Bewegung, so hört man oftmals einen dumpfen, polternden Ton und sieht plötzlich einen die Kolonne erfüllenden Staub wild aufwirbeln. Das Wutgeheul der nächsten Sektionen und fürchterliche Racheschwüre, die sich auf den Inhaber eines speziellen Podex konzentrieren, beweisen das Auftauchen eines Exemplars dieser Spezies.
Eine entsetzliche Eigentümlichkeit dieses vapor beruht darauf, daß er, vom Staube getragen und von der dichten Kolonne geschoben, 800 bis 1000 Schritte dieselbe Sektion begleitet, ein Umstand, der den gewiegten Landwehrmann gehässigerweise veranlaßt, seinen Rachefurz für den an und für sich schon beschwerlichen Heimmarsch vom Exerzierplatz aufzusparen.
Nun begegnen wir dem

Kasernenwärmer,
vapor internus commissopanensis,
der in Kasernen und Wachstuben eine bedeutsame Rolle spielt, wo ihn die Krieger in rationeller Weise benutzen, um den zuweilen herrschenden Mangel an Heizungsmaterial weniger empfindlich zu gestalten.
Der Nutzen, den sie aus seiner Wärme ziehen, ist die Ursache davon, daß dieser vapor mit außerordentlicher Sorgfalt gehegt wird und mit Recht zu den passioniertesten Liebhabereien des Soldaten gehört.
Betrachten wir die speziellen Fürze der Truppengattungen.
Von dem *vapor venatorius* der Jäger und Füsiliere behauptet man, daß er ein schlechter Schütze sei, da er nach den Hacken ziele und die Nase treffe.
Zeichnet sich dieser durch einen frappanten Schießpulvergeruch aus, so erinnert der *vapor mysticus* der Kavallerie äußerst lebhaft an den Stallduft und wird von sachverständigen Köchinnen jeder anderen Sorte vorgezogen.
Schließlich sei da noch der Kanonenschlag oder Rettichfurz, *vapor explodiens radicalis,* der in Festungen grassiert.
Hat die Nacht ihren Schleier über die müde Erde gesenkt und hört man in der mit einem Sergeanten und 25 Mann belegten Stube nur noch das Pfeifen der verstopften Atmungsorgane und das sägende Schnarchen des Stubenältesten,

zuweilen auch das Blasen oder leise Poltern eines vapor commissopanensis, der sich raschelnd im Bettstroh verkriecht, so wird plötzlich durch einen Rettichkanonenschlag die Besatzung der Stube alarmiert.
Instinktmäßig tauchen blitzschnell 25 Köpfe und 50 Beine aus den Betten, man stutzt, horcht, – und sofort bücken sich die 25 Musketiere, um zu ihren Stiefeln zu gelangen. Das bei dieser Manipulation notwendige Herabbeugen des mit Geruchswerkzeugen versehenen Kopfes gibt dem erschrockenen Krieger sofort Aufklärung über das ruhige Verhalten des hohen Vorgesetzten, – der Fußboden ist nämlich mit einer dichten, 12 bis 13 Zoll hohen Schwefelwasserstoffschicht bedeckt. Die Lösung des Rätsels ist für den Nichtmilitär folgende: Man nehme einen Sergeanten, gebe ihm von seiner Lieblingsfrucht, fein geschabten Rettich, eine starke Ration von ca. 10 bis 15 Pfd. Zollgew. und lasse ihn einschlafen. Der im Laufe einiger Stunden entstehende vapor ist ein vapor explodiens radicalis.
Die Größe des Knalls kann man aus der oben beschriebenen Wirkung ersehen, sein Schwefelwasserstoff ist von solcher Dichtigkeit, daß er sich rapide und gleichmäßig über den Fußboden verteilt. Ein berühmter Gasingenieur berechnet den Kubikinhalt ausgewachsener Exemplare auf 24 x 20 Liter = 480 Kubikfuß Leuchtgas. Außer der hieraus resultierenden Erleichterung hat dieser vapor auf Sergeanten ab 12jähriger Dienstzeit keine Folgen.

7. und 8.
Der retrograde Furz
(vapor non vapor)
und der kopflose Furz
(vapor dilaceratus oder mente captus).

Der retrograde Furz ist eine leider nur allzu häufige Spezies, die geeignet ist, den menschlichen Organismus heftig zu erregen. Man trifft ihn in der Regel in Situationen an, welche geeignet sind, dem produzierenden Subjekt objektiven Schrecken einzuflößen.
Insgemeinhin ist er ein aus falscher Scham nicht zur vollen, freiheitlichen Entwicklung gelangter vapor tonans oder odoratus, dessen Existenz man erst während des Hervortretens selbst, sei es durch den ersten leisen Anklang der Intonation, sei es durch die dem vapor odoratus innewohnende, animalische Schwefelwärme bemerkt.
Ist man nun z.B. bei Tafel, in Gesellschaft etc. nicht in der Lage, eine volle Entwicklung des vapor angenehm zu finden, so schneidet man ihm durch ruckweises Zusammenziehen des Pfortmuskels, musculus podicis, den Weg ab und nötigt ihn so, eine retrograde Bewegung zu machen.
Es ist also scheinbar dieser vapor ein non vapor, daß er aber doch ein vapor ist, beweisen die schon oben angeschlagenen den Organismus verheerenden Wirkungen. Denn die Rache für die ungerechte Unterdrückung ist bei dem Charakter dieses vapor eine meist schwere.
Ein oft sogar lautes und drohendes Knurren innerhalb des seinen nunmehrigen Aufenthalt bildenden Darmkanals deutet seine Wut und seine Gefährlich-

Der Ringer schwenkt die derbe Hüfte.
Dem Arsch entquellen herbe Düfte.
(Unbekannter Schüttelreimer)

keit an, welche darin besteht, daß er, um sich befreien zu können, einen anderen Ausweg sucht, und nur zu oft sehen wir ihn als verpönten Rülpser, ructus rudis stomachalis, wieder auftauchen.
Noch unangenehmer ist es jedoch, wenn er sich als permanente Blähung im Darmsystem festsaugt, denn als solcher erzeugt er durch seine äußerst schmerzhaften konvulsivischen Bewegungen einen Schmerz, welcher groß und schrecklich genug war, um den mit dem Gebären verbundenen Empfindungen, denen er sehr ähnlich ist, den Namen „Wehen" zu geben.
Ähnlich verhält es sich mit dem vapor dilaceratum oder mente captus. Erfolgt nämlich die Schließung des Pfortmuskels nicht schnell genug, sondern ist der vapor schon, zum Teil wenigstens, heraus, so geschieht diese Schließung meist mit einem solchen Kraftaufwand, daß der nunmehr kopflose vapor dilaceratus eine oft nicht berechenbare Strecke zurückgeschleudert wird.
Gelingt es demselben bei dieser Geschwindigkeit nun nicht gleich, als Rülpser den richtigen Ausweg zu finden, so setzt er sich in dem zwischen dem Gehirn, cerebrum, und dem Schädel, testa, liegenden leeren Raume fest und richtet dort solche Verheerungen an, daß seine Inhaber meist blödsinnig werden.
Am öftesten findet er sich bei Personen, die mit einem äußerst kräftigen Podex versehen sind, z.B. bei Soldaten oder ähnlichen Subjekten. Nur mit Bedauern hört man daher die Redensart, er hat einen Furz im Kopf.

9. Der gemeine Pums oder Locusfurz (vapor cacatus).

Diese Spezies ist die am allgemeinsten verbreitete und beliebteste, wir brauchen hierfür keine eingehendere Beschreibung und wollen uns nur, damit man uns nicht vorwerfe, die Eigenschaften des Fundortes hätten uns vom Forschen abgeschreckt, auf weniges beschränken.
Daß die Eigenschaften dieses Furzes höchst angenehme sind, wird keiner leugnen, dem, die Ellenbogen auf dem Knie, zugleich mit dem vapor ein befriedigtes Ah und ein Seufzer des Wohlbehagens entflieht. Auch ist seine Detonation, teils kräftig fauchend, teils klangvoll dumpf, wohl geeignet, die Stimmung zu animieren.
Anders verhält es sich jedoch, wenn der Mensch auf dem locus abditus nicht die Befriedigung dessen findet, was er eigentlich bezweckte, und er den Furz allein und immer wieder nur den Furz produziert.
Das macht ärgerlich, ein Umstand, der um so bedauerlicher ist, als sich dieses Phänomen fast ausschließlich bei Menschen mit Hämorrhoiden findet, die ohnedies leicht ärgerlich werden und in ihrer hypochondrischen Laune diesem Furze Unrecht tun.

10. Der Preßfurz oder starke Drängler (vapor expressus oneratissimus)

Packträger, Rollknechte, Sackträger, Dienstmänner und dergleichen Leute, die oft ganz unglaubliche Kraft anwenden müssen, um schwere Lasten zu heben, zu schieben oder zu wälzen, bedienen sich in dem Momente, wo ihre Muskeln sich anspannen und der Kraftdruck erfolgt, dieses Furzes zur Erleichterung ihres gepreßten und angespannten Körpers.

Die mit einer unglaublich heftig platzenden Schnelligkeit erfolgende Detonation ist so stark, daß sie oft selbst die stärkste Hose sprengt. Daß dieser Furz dem Subjekt leider nicht immer zum Gebrauche freisteht, wird jeder wissen, der in seinen Knabenjahren sich einst vergeblich bemüht hat, durch einen plötzlichen Preßfurz den Kreis der Seinen zu erheitern.

11. Der scholastische Furz
(vapor irrepertus)

Dieser deutet durch seinen Namen auf die Schule hin. Gewöhnlich zeigt er sich, wenn eine Klasse mit vielen Schülern sich in spannender geistiger Tätigkeit befindet. Alsdann verkündet ein bald dumpf, bald hell klingender Ton und die erschreckte Bewegung einiger Bänke, deren Knaben mit der Hand nach der Nase fahren, sein Auftreten.

Der ganzen nun entstehenden Situation verdankt diese Spezies den Namen irrepertus. Obgleich nämlich alle Knaben sich mehr oder weniger beschuldigend ansehen und auch der Gewißheit halber ihr Geruchsorgan den podicibus ihrer Nachbarn inspizierend nähern, gelingt es nur in den seltensten Fällen, den Autor zu entdecken.

Irrtümlich wäre es, hier die alte Regel „Wer es zuerst riecht, aus dem es kriecht" in Anwendung bringen zu wollen, denn meist verhält sich der Autor selbst still, lauernd, abwartend.

Da die Suche nach dem Autor eine angenehme Unterbrechung des Unterrichts bildet, verfallen geistig gereifte Knaben sehr bald darauf, das Phänomen selbst, im Einverständnis mit ihren nächsten Nachbarn, absichtlich zu wiederholen. Dieses Spiel gewinnt dadurch noch mehr an Reiz, wenn eine entfernt sitzende Abteilung sich mit der ersteren ablöst und mit ihr korrespondiert.

12. Der metrische Furz
(vapor ingrediens),

der sich rhythmisch den Schritten eines schnell Gehenden anschließt.

13. Der harmonische Furz
(vapor consonans),

welcher von mehreren Personen gleichzeitig im Duett, Terzett, Quartett gelassen, außerordentlich wirkt.

14. Der Furz in tausend Ängsten
(vapor irritatus captivus),

welcher in eine luftdichte Lederhose gelassen, nicht weiß, in welches Hosenbein und zu welchem Loch er heraus soll.

15. Der untergeschobene Furz
(vapor adoptivus),

der, vom Herrn gelassen, dem Hunde oder Bedienten zugeschrieben wird.

Nun, wir könnten tausend andere Spezies aufführen. Aber das Gebiet der Naturlehre gänzlich zu erschöpfen, ist auch beim Furz unmöglich, und so bleibt also denen, die sich nach uns der Beobachtung, Erforschung und Beschreibung des Furzes widmen wollen, ein reiches, weites Gebiet fruchtbringender Tätigkeit.

NAMEN IST SCHALL UND AUCH . . .

DIE ONOMATOPOETISCHE UND DIE ETYMOLOGISCHE BETRACHTUNG DES FURZES

ONOMATOPOETISCHE BETRACHTUNG DES FURZES

Was zunächst die namentliche Bezeichnung des Gegenstandes selbst betrifft, so stellen sich schon hier dem Forscher Schwierigkeiten entgegen, die jedoch bei richtiger Auffassung nur um so größerer Klarheit weichen.
Wir finden nämlich in dem Namen die Variationen Furz, Farz, Forz. Schon die Übereinstimmung aller drei Wörter in einem kurzen, stoßweise hervorgebrachten Laute führt uns darauf, daß die Bezeichnung eine onomatopoetische ist. Ja, nicht bloß das gesamte Wort in seiner Einheit ist onomatopoetisch, sondern zerlegen wir dasselbe in seine einzelnen Bestandteile, so werden wir finden, daß der Name selbst eine Kombination unerläßlicher, von feiner Beobachtungsgabe erzielter onomatopoetischer Elemente ist.
Wir werden sogar finden, daß das Vorkommen der verschiedensten Vokale, die ja an und für sich in der Etymologie schwankend und von geringer Bedeutung sind, dieses Resultat nur erklärt.
Was zunächst den F-Laut betrifft, so wird niemand leugnen, daß der Furz fast stets von einem leise pfeifenden oder pfauchenden, blasenden F-Laut begleitet ist. Diese beständige Wiederkehr des F-Lautes bei dem Phänomen selbst mußte sich bald mit der Bezeichnung desselben verbinden, und so steht denn mit Recht das F am Anfang des Namens Furz.
Schon schwieriger ist das R zu erklären. Bei allen langanhaltenden Detonationen, z.B. beim Donner, beim Rollen einer Kugel, beim Schnauben eines mutigen Pferdes, wird ein fein organisiertes Ohr deutlich einen R-Laut, einen rollenden Ton, der genau unserem R entspricht, vernehmen.
Dieser R-Laut findet sich bei den kräftigeren, sogenannten langatmigen Fürzen und ist alsdann von einer so drastischen Wirkung, daß man dem R recht gern die Berechtigung zuerkennt, in dem Namen des Furzes eine hervorragende Rolle zu spielen.
Wo das R fehlt, wo die Detonation keine lange, allmähliche ist, wo sie plötzlich, platzend erfolgt, ist sie beständig von einem Z-Laut begleitet, daher ist das Z als dritter notwendiger Bestandteil dem F und R beigefügt. Man wird sich wundern, woher z.B. bei demselben Furze, wo sich nur das R fand, ein Z platzgreift. Umgekehrt, dem zur Erwiderung sei daran erinnert, daß man zur Zeit der Entstehung des Namens Furz eben die Gattungen der Fürze noch nicht zu unterscheiden, den Furz noch nicht zu spezialisieren vermochte, daß man also entweder den einen Bestandteil beständig vermissen, und so auf eine genaue Bezeichnung von vornherein verzichten, oder hier einem Pleonasmus onomatopoetischer Elemente Raum geben mußte. Glücklicherweise schlug man den letzteren Weg ein. Wir hätten also F r z. Noch fehlen die Vokale. Je schwieriger die Beantwortung dieser Frage erscheint, um so mehr überrascht das erzielte Resultat. In der Etymologie spielen die Konsonanten die Rolle des festen, die Vokale des flüssigen Elementes. Der Konsonant ist das eigentliche Substanz, der Vokal nur ein zufälliges Akkidenz. Die Konsonanten,

die sich in einem onomapoetischen Begriff finden, sind substante, in ihm selbst liegende, aus ihm hervorgegangene, – die Vokale sind akkidentielle, von außen hinzugetane, herbeigeströmte Elemente. Fragen wir nun, wer hat zu dem F r z das U, das A, das O hinzugetan, – so ist die Frage schon beantwortet. Es war der hörende, der riechende, der denkende Mensch.

Das Gefühl des Unbehagens bei der Wahrnehmung des F r z machte sich naturgemäß durch ein U des Abscheus geltend, das zugleich von einem der gepreßten Körper entweichenden A des Wohlbehagens begleitet ist und nur bei öfterer Wiederholung einem vorwurfsvollen O weicht, – und so hätten wir den F r z – u, a, o, – Furz, Farz, Forz.

Und auf diese von uns nachvollzogene Weise erfanden unsere Altvorderen – man kann wohl mit Sicherheit annehmen, daß es Adam selbst gewesen ist – das Wort für den Furz.

ETYMOLOGISCHE BETRACHTUNG DES FURZES

Vertiefen wir nun nach der onomatopoetischen Bertrachtung des Darmwindes und seiner verschiedenen Lautäußerungen die etymologische, die uns bestätigend zeigt, daß es – seit Adam wohl – immer Lautmalerei war, die das Phänomen zu artikulieren sucht.

In den deutschen Wörterbüchern drückt sich diese Lautmalerei wie folgt aus:

Furz – furzen, furten, futzen, pfurzen, purten, porten

Farz – farzen, fartzen, pfarzen

Fart – englisch fart

Pup, Pupp, Pups – pupen, puppen, pupsen

Pfist – pfisten

Feist, Fist, Fiest – feisten, fiesten, firzen

Wir finden hier bestätigt: Liebe Kinder haben viele Namen. Wie der Darmwind die deutsche Sprache durchweht, darauf wird man mit der Nase gestoßen, wenn man sie in besagte Wörterbücher steckt. In deren ältesten Exemplaren klingt es mitunter sehr derb:

Kohlfurz, Bauchlaut, Kreißer, Kracher, Blästerling, Pfeifer (dasz einer Jungfrau auch ein Pfeifer losz ging, 1668) – einem etwas pfeifen – aus der Hinter- oder Lochpfeife. Die alten Weiber wurden früher Farzkacheln genannt, auch ließ man sich zuweilen die Farzader schlagen. Schaißen bedeutet im mhd. furzen – wie auch einen großen Kreiser tun, einen starken Scheiß lassen, dasselbe bedeutet. Schaißeln heißt nach Fisten riechen. Ein Schoaß für Furz ist heute noch in Bayern gebräuchlich wie bei uns das hochdeutsche Scheiß.

Da gibt es den Hosenwind, Unterwind, Hosenseufzer, Hosenschleicher, Hosenjuchzer, Hosenbomber. In Wien gibt's noch den Prall und die Rückwärtstrompete, anderswo den flinken Nebenbuhler. Da lesen wir von Sockenheimer, gemeint ist der schleichende Flatus. Lachgas wird erzeugt, wenn jemand beim Lachen furzt. Wir quittieren staunend die Sprachschöpfungen der deutschen Mundart.

Laut Volksmund ist der Furz auch:

Aftersausen, Bock, Bremser, Dertsche, Duftschiß, Fiechel, Frosch im Bauch,

Gruß aus Darmstadt, Gasangriff, Hosenschleicher, Kondensstreifen, Liebesgeflüster, Müllwolke, Naturfagott, Nefiche, Pfeifton, Qualm, Rollsalve, Rückseitenwetter, Rücksprache, Schirm, Stinker, Ventilation, Windharfe und Zimmerflak.
Das Furzen als Tätigkeit schlägt sich nieder in einer Vielzahl ausdrucksvoller Beschreibungen:
abprotzen, bremsen, entlüften, fichen, gasen, qualmen, vermisten, sich verewigen, aus dem falschen Loch reden, die Weiche falsch stellen, falsch'rum atmen, verkehrt atmen, nicht dicht sein, seinem Herzen Luft machen, einen fahren lassen, einen fliegen lassen, einen gehen lassen, einen streichen lassen, eine Nefiche lassen, einen Koffer stehen lassen, einen vor die Pfanne rollen lassen, Gas geben, aus dem letzten Loch pfeifen, Kacke verdampfen, aus allen Knopflöchern stinken, einen toten Vogel in der Tasche haben.
Wenn jemand einen Schirm stehen läßt – auch ein Synonym fürs Furzen – dann muß jemand anderer einen Schirm aufspannen. Allgemeine Aufforderung bei einem gelassenen Furz: Los, komm' aufriechen helfen. Wenn jemandem einer quer sitzt, dann ist es ein Querfurz, der einem erst einmal abgehen muß, wenn man ihn nicht verhält.
Einen Furz kann man der Umgangssprache nach im Kopf haben, man kann einen Furz gefrühstückt haben – beides meint wohl Verwirrungen des Verstandes. Man kann hin- und hersausen wie ein Furz auf der Gardinenstange, aber wenn man das als Arbeitnehmer tut, sollte man nicht mit jedem Furz angelaufen kommen, um sich bei seinem Chef anzudienen, weil große Herren nur einen Furz zu lassen brauchen, dann ist man angeschmiert.
Verfolgen wir die Spuren des Wortes weiter zurück, lassen wir uns vom Wind, vom selbstfabrizierten, in's Lateinische verwehen. Die alten Römer benutzten dafür u.a. den Ausdruck spiritus, sie sagten alvus spiritum transmittit – es gehen Winde, Blähungen ab. Also: Seele, Geist, Atem, Wind ist ein und dasselbe.
Wie schon mehrfach beschrieben, machten die Römer des weiteren dann den sprachlichen Unterschied zwischen dem lauten, knallenden Furz, der oft mit Donnergepolter entweicht, crepitus, und dem leisen Furz, jenem gefährlichen Hosenschleicher, flatus. Das Wort Inflation ist übrigens auf flatus zurückzuführen – vermutlich deshalb, weil auch jene schleichend ist und den Leuten stinkt.
Bei den Griechen heißt der crepitus pordé, der flatus bdésma und euphemistisch psophos. Das letztere Wort klingt wie ein Seufzer. Die beiden griechischen Flatus-Wörter sind unvergleichlich schöne klangliche Nachbildungen des verhaßten Schleichers. Der crepitus ist hinsichtlich seiner Wirkung auf den Geruchssinn zuweilen harmloser Art, der flatus dagegen immer ohne Ausnahme höchst unangenehm und gefährlich.
Auch die Franzosen unterscheiden diese beiden Furzarten. Bei ihnen ist crepitus = le pet, flatus = la vesse. Dem Spanier fehlen die Grundworte dafür. Er macht stattdessen den feinsinnigen Unterschied zwischen pedo fuerte und pedo suave.

Zurück zum Deutschen. Auch unsere Bezeichnungen lassen die Unterschiede erkenne. Die Worte mit starken Vokalen wie a und u gelten für den Crepitus, die mit schwachen wie ei und i für Flatus. Ene Feist stenk mih as ene Fuerz, heißt ein Sprichwort.
Da gibt es in der Sprachvergangenheit auch noch das Wort Bums für Furz; bumbulus heißt er im Mönchslatein (crepitus monialis); im Englischen bedeutet bumble bee die Hummel; das englische und lateinische wie auch das deutsche Wort sind ausgesprochen onomatopoetisch. Sollten nicht die Hamburger von der Waterkant da ihr Hummel Hummel herhaben?
Und nehmen wir das alte Wort Pumper für Furz und das dazu gehörige Zeitwort pumpern = furzen. Es hat sich erhalten in dem Wort Pumpernickel. Das westfälische Schwarzbrot, das wegen seiner schweren Verdaulichkeit bekanntlich Blähungen hervorruft, soll erst im 17. Jahrhundert diesen Namen erhalten haben.
Die Sprache, die ja Spiegelbild einer jeden Kultur ist, beschert uns im Deutschen das Furzen in einer Vielzahl von Varianten.

FURZEN LAUT GEBRÜDER GRIMM

Stecken wir also die Nase einmal in „das" Wörterbuch der deutschen Sprache von den Gebrüdern Grimm und zitieren wir:
Furz, m. ein bauchwind, flatus, crepitus. hochd., nicht vor dem 12. jh. nachweisbar, furz, mhd. vurz, furz, mnl. bei Kilian vort, nd. furt. (brem. wb.), fort. es ist dem pl. praet. des ahd. wurzelverbs ferzan entsprossen.
daneben aber zeigt sich, ebenfalls im 12. jahrh., einmal ein dem praes. entsprossenes firz, das in seinem vocal mit ags. feort, engl. fart, altn. frĕtr, schwed. fjert, dän. fjert, fjärt, stimmt und lit. pirdis, perdis, pirdá, lett. pirdens, lat. peditum entspricht.
nhd. kommt im 15. und 16. jh. neben furz die der volkssprache Mitteldeutschlands entnommene form forz vor. dagegen scheint ein früheres farz erst von dem verbum farzen abgeleitet. am geläufigsten von allen dreien ist furz, truntz, furtz, trulla. voc. theut. 1482. bombus, ein furz oder scheysz. crepitus, ein knall, don, furtz.
Weber deutschlat. universalwb., enthält die abhandlung de peditu in den facet. facetiarum. vom schlaraffenland heiszt es

ein furtz gilt einen Binger haller.
(H. Sachs)

er hat ein stimlin nach der kürtz,
wie ein esel bricht die fürtz.
(Murner luther. narr 2870)

hat man doch nur eins furtzs gelacht. Fischart Garg., = über einen f.; dise gebratnen kästen mit newem wein eingenommen seind gute compositores und modelgiesser der fürtz. ob sie (die fürstin, an der ein lobender arzt alles fürstlich preist) dann auch einen fürstlichen furz liesse? Zinkgreff apophth. ein stillschweigender furz, der nicht hörbar ist:

so liesz er (Eulenspiegel) ein stillschweigenden furz schleichen, daz er zumal ubel stank. Eulenspiegel nr. 15. ein schleichender, verbiszener (= unterdrückter) furz. Stieler 450, vgl. nachher einen furz verkrümen bei Fischart. ein starker, knallender haubtfurz. ebenda. ein lauter furz (Rädlein), überhaupt der hörbar ist: einen lauten furz lassen, dasz die ziegel davon auf dem tach gezittert. franz. Simpliciss., ein großer furz von starkem schalle.
ein übler oder sauerer furz, ein übel riechender: wilt du ubel fürz lassen, so gang us der stuben in den hof. Eulenspiegel nr. 52; Ulenspiegel . . . gedacht: ein bös pfligt das ander zů verdreiben und liesz so ein suren furz, das der meister mit seiner frawen můsten die nasen zů halten. ebenda. ein stinkender furz. Stieler a.a.o. ein dreckichter furz. ebenda. ein schnöder furz, den man mit verwünschung und verachtung nennt, ein schlechter:

verfluochet sëi dèr snœde furz, ër macht mich zeinem affen (zu einem dem spotte preisgegebenen menschen)
(Kolmarer meisterlieder nr. 72,39)

einen furz verkrümmen, ihn unterdrükken: wer die fürtz verkrümmen will, den grimmen sie herwider viel. lasz rauschen was nicht bleiben will. Fischart Garg. einen furz lassen, elliptisch für fahren lassen. schon in den meisten der eben angeführten stellen, aber überhaupt gewöhnlich:

daz ër nie keinen furz gelieze offenbâr.
(Kolmarer meisterlieder nr. 72,28)

es gat von mir ein böser gschmack und han ein furz in dkilchen glan.
(Etter Heini 541;)

der pfarrer liesz vor angst ein furtz.
(Gengenbach 286,938)

als mich bedunckt, so hastu ein furtz gelassen. S. Brant bei Steinhöwel, das pferdtlin auch ein furtz hat gelassen. Pauli schimpf; der wirt . . . liesz einen furz und uf der stet noch einen. Eulenspiegel nr. 79. einen furz lassen. Weber deutschlat. universabwb. zutritt eines weiteren verbums bei lassen zeigt sich in stieben lassen: lasz fürz in die luft hin stieben. (grobianus D 3)
einen furz streichen lassen, züchtiger elliptisch einen streichen lassen. dann einen furz vor lassen traben. Hellbach grobianus. mit einem verbum, das wie lassen steht: einen furz umher gehen heiszen, andere zur nachfolge auffordern, der reihe nach auch einen zu lassen, bis diese wieder an den ersten kommt: oder wie das frawenzimmer desz ulmischen fartzenden legaten lacht, da er den furz hiesz herumbher gehn: jhr finds in Bebels bibel. einen furz schleichen lassen. einen furz riechen. hör, Juvenal, stosz den hund ausz, wer hat so gefeust, was? kanstu kein hundsfurtz riechen, so solt du kein wildpret fressen. Fischart Garg. 1608. andere verbindungen mit verben sind ein furz entfährt, entrinnt, entwischt:

entführ jr ob dem disch eyn furtz.
(Brant narrensch.)
ichn weiz wie jr geschach daz ir ein furz

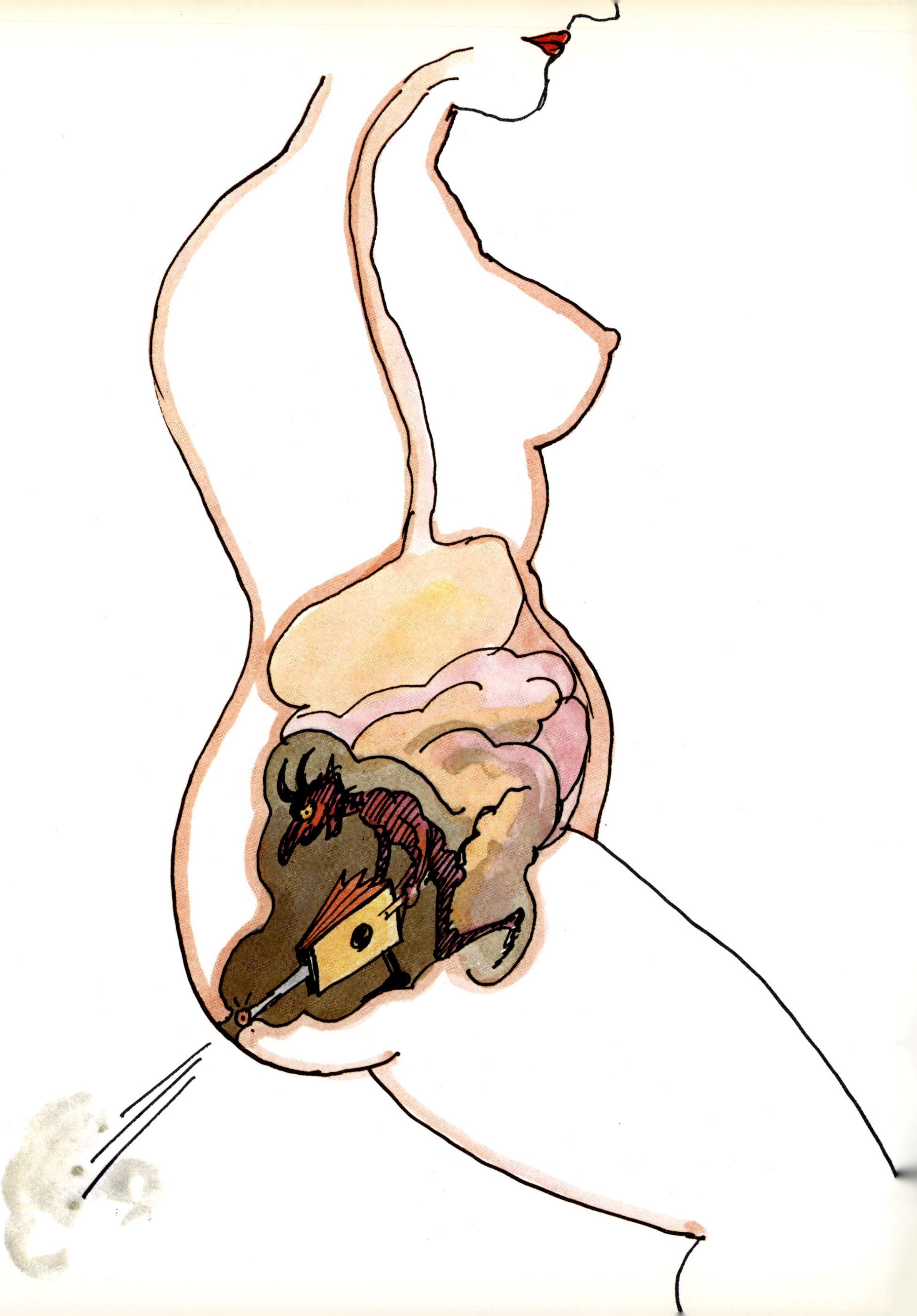

Des *Teufels* Furz ist höllisch heiß,
wie jeder *Theologe* weiß.
(Unbekannter Verfasser, Das Furz-ABC)

entran. . ." „nu ist mir einr entrunnen gar ân argen wân."
(Kolmarer meisterlieder nr. 72)

ich lachet das (dasz) mir ein furtz entwust.
(Berner fastnachtsp. von 1522)

derber witz liegt in: dann ein knopff an eim furtz sah ich nie machen . . noch heute hört man in gemeiner derber sprache: einen knopf in einen furz machen, diesen aufhalten dasz er nicht weiter kann, ihn im weiterfahren hemmen. vgl. knopfet fist. livländ. hört man in gemeiner rede: ein furz mit einem stengel, dem etwas koth nachfolgt.
in beziehung auf vollen schall, wie die voll austönende stimme des mannes, der schall des hornes, das bellen des hundes, gilt auch der furz als bestimmung oder masz der raumweite. dies in dem rechte des vormals dem bischof zu Würzburg gehörigen Salzforstes, wenn es heiszt: ëz sol ouch nîman kein wilt jagen in sînem (nemlich des Salzforstes) ingange noch in sinem uzgange des selben waldes in der banmile:

und daz ist ein hornes geschelle,
eines hundes gebelle,
eines hamers wurf
und eines schalkes furz.
(monum. boica)

d.h. als die raumweite beträgt, in der der schall eines hornes, ferner der schall vom bellen eines hundes gehört wird, von da an der wurf mit dem hammer abreicht und endlich noch der schall von dem furz eines knechtes hörbar ist.
sonst wird der furz als derbes zeichen verächtlicher abweisung, auch mit verachtung gepaarten hohnes, überhaupt tiefer verachtung angesehen: wenn (bei erscheinung und anfechtung des teufels) das argument nicht hilfft, quod christianus est sine lege et supra legem, so weise man jn flugs mit einem furtz ab. Luther tischr.

was? beuts du beschnittenen juden den hohnfurz?
(Voss Horaz, 1821)

tiefe verachtung drückt sich auch aus in der redensart: einem mit fürzen ausläuten, ihn, anstatt mit ehrendem feierlichem glockengeläute, mit fürzen, d.h. schimpflich, beerdigen: darumb tritt ich in mein fürnemmen, zubeschreiben die bücher de peste mit seinen anhangenden früchten, und wirt mich der gegentheil mit jhrem maulgeschwetz und erhalten wöllen der alten schrifften nit bekümmern . . . darumb wirt mich jhr keiner abrennen: viel drewen sie, aber der vom drewen stirbt, dem leutet man mit fürtzen ausz. Paracelsus (1589).
dies ist denn auch sprichwörtlich, doch findet sich nicht immer die nemliche fassung. altbairisch: wer vom drohen stirbt, den soll man mit fürzen begraben. früher: wer von dröwen stirbt, den soll man mit fürzen begraben (verlaiten). wer von dreuen stirbt, dem soll man mit fürtzen zu grabe läuten. noch verächtlicher und schimpflicher wird der ausdruck hier, wenn mit eselsfürzen statt mit fürzen gesetzt ist, wie die stellen von Nasus im Na-

senesel, dann von Gartnerus und Gryphius unter eselsfurz haben, wobei noch ausläuten zu vergleichen ist. andere derbe sprichwörtliche redensarten und sprichwörter mit furz sind:

besser ein furz entrannt, als ein dorf abgebrannt.
(Weinhold.)

ehemals wetterauisch: wann der furz fort ist, batt (battet, hilft, nützt) kein arschklemmens mehr, wenn etwas geschehen ist, läszt es sich nicht mehr verhindern oder gar ungeschehen machen.
eigene fürze riechen wohl. alte fürze stinken. ein furz in der weiten welt ist besser als im engen bauch. nd. bei Danneil. auffahren wie ein furz im bade, eine mehr in sachsen vorkommende redensart. ich hätte mirs nimmermehr eingebildet, dasz ihr eines wortes wegen so auffahren solltet, wie ein forz im bade.
er fährt umme wie ne furz in der laterne, ist zu unstet. bey einem tauben einen furz lassen, in beziehung auf jemand gesagt der unempfindlich ist, bei jemand etwas thun das vergeblich ist. man kann keinen ruhigen furz lassen, ist zu beschäftigt oder durch andere sehr geniert. aus einem furz einen donnerschlag machen, wie wir auch sagen „aus einer mücke einen elephanten machen", etwas in ungemeszner übertreibung vergröszern.
besser ein furtz dann ein aug ausz. grobianus. besser ein kleines übel, als ein sehr groszes. ihm kommt jeder furz in die quere, er ist über alles verdrieszlich. wenn ihm ein furz in die quere kommt oder, wie man anderwärts sagt, quer liegt (= wenn ihm nur das allergeringste fehlt), so ist er krank.
er ist auf den furz gepfropft, es ist aus mit ihm. er will aus einem furz zwei fiste machen, er ist ein erzknauser. nd. bei Dähnert.
sprichwörtlich scheinen: sawr heisz gewürtz, bringt saur heisz fürtz. heisse lieb gibt heisse fürtz. ein sprichwörtlich gebrauchter witz aber scheint: he he bäszlein Trein, röste mir disz biszlein zum wein, pa po geröst fürtz in der schaffschellen.
züchtiger ist auf die frage: was essen wir? die die speise verschweigende ehemalige wetterauische antwort: gedörrte flöhzungen und eingebeizte kellerthüren.
Endlich scheint furz auch als schelte gebraucht zu sein. ein hundsfott spricht, dasz ich euch einen forz geheissen habe. je nu! ist es doch schon gut. wenn ihr mich keinen forz geheissen habt, so sind wir wieder gute freunde wie zuvor.

Blöckabalzer:
Furzauflese, m. einer der fürze aufliest oder sammelt, einer der sich für überklug haltend nichtige kunst treibt: darnach befragt sich Ehrenbrecht von Tugendsteig bey einem ausz dem nachtrosz der sieben faulkünstlichen meistern, ausz den furtzaufflesen, was diese mommerey beger. in dem letzten theile des wortes, lese m., hat sich ahd. lëso m., leser, erhalten, das nur bei Notker ps. 93,20 sich findet und freilich da lector bedeutet, allein das wort kann auch eben so wol den aufsammler ausdrücken, wie das erst im 11. und 12. jh. nachweisbare lesare. blosz

die bedeutung weinleser, winzer, vindemiator, hat. übrigens würden wir heute furzaufleser sagen.
Fürzchen, n., dim. von furz. mit dem lange im 18. jh. beliebten unrichtigen -gen statt -chen fürtzgen.
Furzel, n., ein dim. von furz. ahd. würde es furzili lauten. kärnt. fürzl.
Fürzeln, fürzchen lassen, dann aber auch so viel als wiederholt hinter einander furzen. von dem vorhergehenden fürzel (s.d.), aber das l nimmt in dem verbum, da viele frequentativa mit l gebildet werden, frequentativbedeutung an. fützelen, fürtzelen unnd bürtzelen.

bisz eynsmals er da uberpürtzelt und eynen teuffel herausz fürtzelt.
(Fischart Jesuiterhütlein.)

Fürzln. meisznisch: von einem pferde das fürzelt recht, springt, zumal furzend, hinten in die höhe und schlägt aus.
Furzen, was farzen, pedere. zuerst in der ersten hälfte des 15. jh. auftauchend, in welcher ein vocabular. ex quo von 1440 furezen, der voc. (liber ordinis rerum) von 1420 „pedere, bombisare, fortzen" hat, und beide formen mit u und mit o unterscheiden sich eben so, wie furz und forz.
von dem ersten ist auch furtzen, pedere. oppedo, ich furtze widerumb oder dargegen. crepitum reddere, furtzen, oder einen furtz lassen. Frisius (1556); pedere, furtzen, ein furtz oder scheisz lassen.
das geläufigere wort ist zunächst farzen, das auch erst im 15. jh. entstand und von dem sg. praet. des mhd. wurzelverbums vërzen, ahd. fërzan, abgeleitet wurde, für das es auch eintrat. seine gröszere geläufigkeit wird noch dadurch auszer zweifel gesetzt, dasz deutschlat. universalwb. nur farzen bieten, kein furzen.
süddeutsche mundarten, z.b. die bair., tiro., kärnt., haben farzen und furzen. nd. dagegen ist furten das übliche wort. doch scheint daneben auch farten vorzukommen, wenigstens führt es das brem. wb. kurzhin mit verweisung auf furten an. über das nd. furten und purten; aber eben so stehn westflandrisch frotten und brabantisch protten neben einander, in denen versetzung des r stattfindet.
Fürzen, was furzen. eine in Altbaiern vorkommende umlautende form, die göttingisch-grubenhagenisch förtjen lautet (Schambach) und ahd., wenn sie da vorkäme, furzan, d.i. ursprünglich furzj-an, lauten würde. es steht im wortspiele mit würzen:
oder um ein nett gericht westphälischer feldbonen mit plundermilch und cappern aus dem ziegenbehälter gefürzet, holla! aufs beste gewürzet. gleich wie diese rede mit schlechtem saltz gewürtzet, also wurd das ende mit gebührlichem gestanck gefürtzet.

SO KLINGT DER FURZ INTERNATIONAL

dänisch	–	fis
englisch	–	fart
finnisch	–	pieru
französich	–	pet
holländisch	–	windje
italienisch	–	peto
japanisch	–	onara
koreanisch	–	bang gu
norwegisch	–	fise
polnisch	–	pierdzenie
portugiesisch	–	traque
schwedisch	–	fjärt
spanisch	–	pédo
tschechisch	–	pšouk
türkisch	–	vellenm
ungarisch	–	fzellelpés

ARS(CH) FARZANDI

FURZEN ALS KUNSTGATTUNG

Der Beruf des Kunstfurzers war weit verbreitet. Auf den Jahrmärkten Europas traten diese Leute auf. Furzten staccato, maestoso und andante in sämtlichen Lagen und Tonarten. Die wirklichen Künstler und Künstlerinnen unter ihnen furzten Lieder und Melodien aller Art.

Auch ein Nicht-Professional, also ein Amateur, hat es darin seinerzeit zu einer bemerkenswerten Vollkommenheit gebracht, so Grimmelshausen. Er berichtet im Simplicissimus von sich selbst wie folgt:

„So kriegte ich auch unter diesem Regiment drei seltzame nachnamen. In der erste nannte man mich den General Farzer, weil ich, da ich noch ein Trommelschlager war, auf einer Bank liegend den Zapfenstreich eine ganze Stunde lang, auch wol länger, mit dem Hindern verrichten oder hören lassen konte."

Eine der ältesten Nachrichten über die Kunst des Furzens finden wir beim Heiligen Augustinus. In seinem Werk „De Civitate Dei L. XIV C. 24" heißt es:

„Andere geben aus ihrem Innern ohne allen Gestank nach Belieben Laute in so großer Zahl von sich, daß man meinen könnte, sie sängen auch von dieser Seite her."

Montaigne schreibt (hier der wissenschaftlichen Vollständigkeit halber) im I. Buch, 20. Kap., seiner Essais hierüber: Die der Entlastung des Unterleibs dienenden Hilfsmittel besitzen einen eigenen Dehn- und Komprimier-Mechanismus, der jenseits und manchmal konträr zu unserem Willen agiert – vergleichbar mit der Funktionsweise der Nieren. Obwohl der hl. Augustinus zur Untermauerung seiner These über die Kraft des menschlichen Willens einen Mann anführt, den er selbst beobachtete, wie dieser willkürlich nach Herzenslust Furz um Furz ließ, und wenn selbst Vives, sein Deuter, seinerzeit von einem Mann begeistert war, der seine Fürze nach Tonvorgabe zu dirigieren wußte, so läßt dies jedoch alles nicht nur auf reine Gehorsamkeitsübungen schließen.

Zurück zu den Jahrmärkten. Josef Feinhals berichtet in „Non Olet", Privatdruck von 1920, aus eigener Erfahrung über die Kunst des Furzens:

„Die Pétomanes, wie diese Künstler auf französisch heißen, können auch anderes als nur musikalisch furzen. In Paris zeigte sich in einem Sonderkabinett einer Jahrmarktsbude eine hübsche Person, die als Balletteuse in kurzem Röckchen auftrat. Auf einem Tisch stand ein Leuchter mit drei brennenden Kerzen. Die Aufgabe war, die drei Kerzen durch Furzen zu löschen. Nichts einfacher als das. Sie klemmte sich einen Gummischlauch in den Anus, richtete das freie Ende des Schlauches auf eine Kerze, man hörte ein kurzes knallendes „Pfft!", und die Kerze erlosch, dann noch zweimal „Pfft!, Pfft!" und wir saßen im Dunkeln. Eintritt zwanzig Francs."

Josef Feinhals führt in seiner Berichterstattung unter dem Stichwort „Ars(ch) farzandi" weiter aus:

„Im Jahre 1900 sah man auf der Foire de Neuilly in Paris eine Frau mit einer besonders vielseitigen Veranlagung. Sie war imstande, von hinten Luft oder Flüssigkeit in den Darm aufzunehmen. Außerdem imitierte sie mit ihren ad libitum hervorgebrachten Naturlauten Soldaten auf dem Marsche, alte Tanten, keusche Fräuleins, eheliche Zwiegespräche usw. Ja, sie rauchte sogar Zigaretten mit dem Hintern. Zu diesem Manöver hatte sie sich einen Schlauch in den Anus gesteckt, den sie beim Rauchen kokett in der Hand hielt."

Eine ausführliche Schilderung von „Kerzenbläsern", die ohne Schlauch arbeiteten, finden wir in Emile Zolas „Mutter Erde":

Zwei Bauern, von denen einer „so windreich war, daß er sich rühmte, Mühlen in Bewegung setzen zu können", während der andere wie ein Schmiedeblasbalg blasen konnte, wetteten miteinander um zehn Liter Wein, „die dem gehören sollten, der die meisten Kerzen auslöschen würde". Der eine war bei zehn schon völlig ausgepumpt, der andere brachte es auf vierzehn. Er gewann die Wette und bekam außerdem eine Ehrenmedaille. So ehrt die grande nation ihre wackeren Männer. Übrigens wurden die Fürze auch noch angezündet. Nach Zola brannten sie „mit einer schönen, goldgelben Flamme, die sich wie eine Sonnenglorie erhob".

Den gleichen Vorgang des Abbrennens von Fürzen schildert M. Andersen Nexö in seinem Roman „Pelle der Eroberer".

„Wie aus weiter Ferne, und als ginge es ihn gar nichts an, sah er, daß die Sau auf einen Stuhl kletterte und das Hemd hinten stramm zog. Ein Seemann hielt das Licht hinter ihren Rücken, und nun zeigte sie, wie die Dünste mit einer bläulichen Flamme brennen konnten."

Die Fürze mancher dieser Künstler sind, in der Berufsausübung abgegeben, völlig geruchlos, wie das ja schon der hl. Augustinus beobachtet hat. Ein weiteres Zeugnis dafür gibt der wohl berühmteste Pétomane, das „Genie des Furzens" – so zu seiner Zeit genannt –, der Furzer, der Anfang dieses Jahrhunderts im Moulin Rouge ganz Paris hinriß, der sein eigenes Theater gründete, das Théâtre Pompadour, der die ganze Welt zum Biegen vor Lachen brachte: der Kunstfurzer Joséph Pujol. Ivette Guilbert in ihren Memoiren – Le Chanson da ma vie, Paris 1927, – erzählt:

„Es war im Moulin Rouge, wo ich die längsten Lachkrämpfe, die lautesten Heiterkeitsausbrüche erlebte. Zidler, der damalige Direktor, erhielt eines Tages den Besuch eines Mannes mit schmalem, traurigem und blassem Gesicht, der ihm anvertraute, er sei ein Phänomen und er beabsichtige, von seiner Eigentümlichkeit zu leben.

„Worin besteht Ihre Eigentümlichkeit, mein Herr?"

Mit gebotenem Ernst erklärte der andere:

„Stellen Sie sich vor, ich habe einen Ansaug-After".

Zidler – unbeeindruckt spöttisch: „Na prima!"

Im Lehrmeisterton fuhr der andere fort:

„O ja, mein After ist so elastisch, daß ich ihn unwillkürlich öffnen und schließen kann."

„Nun und – was geschieht dann?"

„Durch diese regulierbare Absorption nehme ich jede beliebige Menge Flüssigkeit auf."

„Wie bitte? Sie trinken mit Ihrem Hin-

terteil?", fragte Zidler, befremdet, verwirrt. „Was darf ich Ihnen anbieten, mein Herr?", kam dann ganz zeremoniell seine Frage. Der andere – im gleichen Tonfall: „Eine große Schale Wasser, wenn es recht ist."
„Mineralwasser?"
„Nein, danke, Leitungswasser, bitte."
Die Schale wurde gebracht, der Mann entledigte sich seiner Hose und man konnte sehen, daß seine Unterhose an der üblichen Stelle ein Loch hatte. Er setzte sich auf die randvoll gefüllte Schale, leerte sie in Sekundenschnelle . . und füllte sie dann wieder.
Dabei nahm Zidler einen leichten Schwefelgeruch wahr, der sich im Raum ausbreitete.
„Sieh an – Thermalwasser produzieren Sie also auch!" Der Mann lächelte schwach:
„Das ist noch nicht alles: Wenn ich eine solche Spülung – Sie gestatten den Ausdruck – absolviert habe, kann ich, und darin liegt meine große Stärke, beliebig lange geruchsneutrale Gase produzieren, da das Prinzip der Vergiftungserscheinungen . . ."
„Wie bitte? – Was?", unterbrach Zidler – „Drücken Sie sich bitte einfacher aus. Sie wollen sagen, Sie furzen?"
„Hm – wenn Sie so wollen", gestand der andere zu – „allerdings besteht der Vorgang bei mir aus einer Vielfalt produzierter Geräusche."
„Also was – Sie singen auch mit Ihrem Hintern?"
„Hm – ja."
„Nun, dann los – ich höre."
„So – das ist der Tenor – als erstes . . .
. . . als zweites: der Bariton . . .
. . . der Baß, als drittes . . .
. . . die muntere Sängerin, vier . . .
. . . bei Stimmübungen, fünf . . ."
Zidler, erregt, rief aus: „Und die Schwiegermutter?"
„Da ist sie schon", sagte der Furzer.
Und damit engagierte ihn Zidler.
Man erdrückte sich förmlich, um ihn zu „hören", und Schreie, Gelächter, die schrillen Rufe der Frauen und ihr hysterisches Gekreische waren noch in 100 m Entfernung vom Moulin Rouge zu hören. Und wenn der Furzer die von Lachen geschüttelte Menge sah, rief er: „Eins, zwei, drei, und zusammen im Chor!". Und der Chor fiel ein, allerdings mit dem Munde.
Der älteste Sohn dieses hörenswertesten Kunstfurzer aller Zeiten – er nennt ihn den „größten und amüsantesten Unterhaltungskünstler" – schreibt in der Familienchronik:
„Mein Vater war ein sehr gut aussehender Mann, der mit viel Begeisterung seinen Militärdienst als Trompeter bei dem ersten Regiment der Kürassiere in Valenz ableistete, gut aussehend mit seinem gezwirbelten schwarzen Schnurrbart, einer Statur wie ein Kleiderschrank, immer guter Laune, wie es sich für einen echten Mann aus Marseille gehört. Während seiner Militärzeit besann sich mein Vater auf ein seltsames Ereignis seiner Jugendzeit und empfand das rege Bedürfnis, es zu wiederholen. Es war der Anfang seiner Karriere als Kunstfurzer. Er holte sich eine Ausgangsgenehmigung und ging zum Meer, um sich im Spiegel der Wellen in aller Ruhe von hinten zu begutachten. Er setzte sich in die Wellen

Was selbst Mozart anerkennt:
der Hintern ist ein Instrument.
(Spruch bei Orchestermusikern)

und probierte aus, was er in seiner Jugendzeit als Fähigkeit wahrgenommen hatte. Durch Muskelkontraktionen seines Afters konnte er das Meer aufsaugen, bemerkte, daß er willkürlich mehr und mehr Wasser aufnehmen konnte. Und er begriff, daß er wohl kein Kürassier sei wie die anderen.

Zum Zeitvertreib für sich und die Kameraden seiner Stube nahm er mit seinem Hintern eine ordentliche Menge Wasser auf, die er dann als gesammelten Wasserstrahl, als Sprühlanze, wie es seine Kameraden militärisch einordneten, wieder ausstieß. Und schreiend vor Lachen stoben die Kürassiere auseinander, denn sonst wären sie unbarmherzig naßgespritzt worden. „Das ist ja gar kein Kürassiere-Regiment, sondern ein Feuerwehr-Regiment! Ein Artillerie-Regiment!", hieß es da.

Denn hin und wieder machte mein Vater seine neuen Übungen nicht mit Wasser, sondern mit Luft: Er stoppte das Einatmen durch Nase und Mund und füllte dann sein Hinterteil mit Luft, die er dann nach Belieben mit allen möglichen Geräuschen wieder hinausdrückte – anders ausgedrückt: mit Fürzen, eine wahre Furzerade."

Über den Beginn seiner „ruchlosen" Laufbahn als Kunstfurzer berichtete Sohn Pujol über seinen Vater:

„André gab in Clermont-Ferrand eine Vorstellung. Es war in einer dieser fliegenden Baracken, die jedes Jahr provisorisch auf dem Jaude-Platz anläßlich des großen Jahrmarktes errichtet werden, wo er sich – vollständig in Schwarz gekleidet – vorstellte: Zu Beginn der Vorstellung erklärte er (mit dem Gesicht zum Publikum), er habe die Gabe, mit seinem After Luft anzusaugen, wie unsereins normalerweise mit den Lungen Luft aufnehme. Mit dieser gespeicherten Luft könne er nach Belieben alle Arten von Geräuschen produzieren. Dann drehte er seinem Publikum das Hinterteil zu und kündigte die Art von Geräuschen an, die er zu machen gedachte. Die Vorstellung endete mit dem Versuch, die Tonleiter zu erklimmen. In Wirklichkeit entstanden jedoch lediglich die vier Noten: do, mi, so und das do der nächsten Oktave. Allerdings möchte ich mich nicht dafür verbürgen, daß die Töne genau getroffen waren.

Die ganze Stadt sprach von ihm – selbst in den Salons war er Gesprächsthema. Eine Dame der Gesellschaft – sehr charmant und im übrigen bekannt für ihre vorlauten Sprüche – kommentierte folgendermaßen: „Der Furzer zeigt uns zunächst seine feuchte Seite, dann kommt der windige Teil seiner Nummer."

Die triumphalen Erfolge in Marseille und auf dem Land ermutigten meinen Vater, das ganz große Abenteuer zu versuchen: Paris! Dies geschah im Jahre 1892. Eines schönen Morgens begab er sich in die Hauptstadt und lenkte festentschlossen seinen Schritt zum Place Blanche. Mit viel Vertrauen betrachtete er die riesigen, Mut einflößenden Flügel des berühmten Moulin Rouge. „Ich fühle", sprach er mit leisem Lächeln, „daß diese Flügel sich nun für mich drehen werden."

Und dann fügte er den historisch gewordenen, von ihm später so gern wiederholten Satz hinzu: „Die Flügel des Moulin

Rouge! Was für ein phantastischer Ventilator zur Belüftung meiner Vorstellung." Darauf folgte o.a. historisches Gespräch mit Zidler, dem Theaterchef.
Und so eröffnete „der Furzer" seine erste Vorstellung im Moulin Rouge:
„Meine sehr verehrten Damen und Herren!
Ich habe heute die Ehre, Ihnen eine Vorstellung der Furz-Kunst vorzuführen. Das Wort Furzer bezeichnet jemanden, der seine Fürze mit seinem Willen lenken und dirigieren kann. Aber keine Angst wegen der Gerüche. Meine Eltern haben den finanziellen Ruin auf sich genommen, um mir das Hinterteil parfümieren zu lassen."
In der zunächst folgenden Stille begann mein Vater ungestört seine Furz-Serie, wobei er jeden einzelnen beim Namen nannte:
Der Furz des jungen Mädchens (schüchtern und klein) als erstes,
der Furz der Schwiegermutter (schimpfend und laut) als zweites,
der Jungvermählten (am Hochzeitsabend: zaghaft, am Tag nach der Hochzeitsnacht: selbstbewußt) drittens,
der Furz des Maurers (trocken und ohne Mörtel),
der Furz der Näherin (der Furz, der gut zwei Meter Kattun zerreißt; er dauerte mindestens 10 Sekunden und ahmte genau das Geräusch nach, das beim Zerreißen von Stoff entsteht),
dann ein Kanonenschuß (Artillerie an die Gewehre: Achtung: Feuer!),
und nicht zuletzt der Furz des Stotterers, der an die „Unvollendete" erinnert.
Anschließend pflegte mein Vater kurz hinter den Kulissen zu verschwinden, um sich ein Stück Gummischlauch einzuführen, wie man es normalerweise für Spülungen benutzt. Das andere Ende des gut ein Meter langen Schlauchstückes hielt er in der Hand und steckte dort eine angezündete Zigarette hinein. Wie mit dem Mund machte er dann Bewegungen, durch die die Zigarette geraucht wurde, als ob durch Muskelkontraktion die Luft eingesaugt und ausgestoßen würde. Dann entfernte mein Vater die Zigarette, um den Rauch abzulassen, den er im Darm gespeichert hatte. Anschließend befestigte er eine kleine Flöte mit sechs Löchern am Ende des Schlauches und spielte kleine Musikstücke wie beispielsweise den „Roi Dagobert" und selbstverständlich „Au clair de la lune".
Am Ende der Vorstellung löschte er mit aller Kraft die Gaslampen am Rande der Prominentenloge.
„Das war großartig", erzählte mein Vater anschließend. „Die ganze Nummer mit Volldampf durch – und an diesem Abend kein einziger Versager."
In diesem Zusammenhang sollte noch erzählt werden, daß außerhalb der normalen Vorstellung im Moulin Rouge noch einige kleine Vorführungen in Privaträumen stattfanden, wo lediglich Männer zugelassen waren. Mein Vater erschien dann im Badeanzug à la mode mit Ausschnitt am Hinterteil, um auch den ganz Ungläubigen zu beweisen, daß er keinerlei Tricks anwandte. Denn inzwischen hatte sich das Gerücht verbreitet, er sei bei der Geräuschentwicklung auf die hilfreiche Anwendung einiger Listen angewiesen. Um diesen Verleumdungen

entgegenzuwirken, hatten sich die Direktion des Moulin Rouge und mein Vater darauf geeinigt, im kleinen Kreis Sondervorstellungen zu geben.
Eine solche Vorstellung – mit diskreter Beleuchtung und etwas indiskreter Bekleidung begann mit einer Serie von musikalischen Fürzen; weiter ging es mit Gummischlauch, der Zigarette und der Flöte; dann: ohne Schlauch intonierte mein Vater sein „Programm nach Noten". Das Zusammenziehen und das Entspannen des Afters waren deutlich sichtbar, je nach Klang der Note. Mein Vater beendete seine Nummer mit einem besonderen Clou: Er setzte sich auf eine mit ca. zwei Litern Wasser gefüllte Schale. Durch Ansaugen leerte er sie und füllte sie dann wieder mit sehr sauberem Wasserstrahl.
Es war ein Kenner-Publikum – zunächst recht interessiert, aber auch kritisch, doch dann applaudierte der ganze Saal.
Nach Ende der Vorstellung – der Eintritt war für ausgewähltes Publikum gratis – ging mein Vater mit einem Teller durch die Zuhörerreihen, und jeder spendete nach dem Maß seiner Begeisterung.
Eines Abends bemerkte mein Vater zwischen seinen Zuhörern einen besonders eleganten Mann: Abendkleidung, mit Gehrock, heller Melone und Monokel im Auge. Zum gegebenen Zeitpunkt legte dieser Mann äußerst diskret einen Louis d'or auf den Teller. Mein Vater betrachtete ihn und murmelte: „Ich danke Ihnen, mein Herr. Wieviel darf ich Ihnen wiedergeben?" Der Mann beugte sich vor zu ihm und sagte leise: „Behalten Sie alles – ich bin der König von Belgien."
Leopold II. reiste des öfteren incognito nach Paris, das er so liebte, und er legte großen Wert darauf, den Furzer persönlich zu erleben. „Ich weiß", flüsterte er lächelnd, „Sie waren kürzlich in Brüssel und hatten dort einen Bombenerfolg. Alle meine Landsleute hatten ihren Spaß an Ihnen, und ich habe sie aus der Ferne beneidet." Und er fuhr fort: „Sie können sich sicher vorstellen, daß die Wege, die ich in Brüssel gehe, bestens überwacht werden – weshalb mir der Furzer verwehrt blieb. Ich mußte schon heimlich hierherkommen, um Ihnen zu applaudieren und Sie zu beglückwünschen."
Eine Vorstellung in Madrid, für die dem Kunstfurzer 40 Louis d'or vertraglich zugesichert waren, endete etwas anders als geplant. Letzte Probe vor dem Auftritt mit Orchester. Nach kaum drei Minuten – er war gerade bei dem Furz der Jungvermählten angelangt, unterbrach ihn der Direktor mit wilden Wutgeschrei, untermalt mit groben Verwünschungen: „Ein Ausländer! Ein Franzose! Ein Schmierenkomödiant, der sich erdreistet, uns Spanier mit seinem Arschgetön zu verhöhnen und zu beleidigen. Nehmt ihn fest. Polizei, Polizei! Den Konsul! Den Botschafter! Das ist ein diplomatischer Vorfall! Das ist der Krieg!"
Joseph Pujol gab nicht auf.
Die in Nordafrika lebenden Franzosen nahmen den Furzer mit wahrer Begeisterung auf. Nur die Araber reagierten etwas zurückhaltender.
Gespräch zwischen Mohamed Guerbi und César Vella: „Die Franzosen sind

einfach schamlos. Sie haben keine Hemmungen, Wind zu machen – und das auch noch berufsmäßig im Theater." Darauf Vella: „Wenn Du von oben Wassermelone ißt und rülpst sagst Du „Hamdoullah" (Gelobt sei Gott). Der Franzose macht das von unten, ohne Gott anzurufen. Und als ich diesen Franzosen von unten „rülpsen" sah, nur für die Leute, die dafür bezahlt hatten, um es zu hören, nun, ich war einer von ihnen, ich habe vor Lachen selbst in die Hosen gefurzt."

Dr. Marcel Bandonni war der Leibarzt von Joseph Pujol. In einem Auszug aus einem medizinischen Bericht heißt es:

„Eine erstaunliche Tatsache: Pujol kann zu jedem beliebigen Zeitpunkt zur Toilette gehen; er kann seinen Darm entleeren, wann immer er Lust hat – aber vermutlich leert er dabei lediglich seinen Dickdarm. In diesem letzten Teil seines Verdauungsapparates kann er wohl nichts zurückhalten. Sobald auch nur winzige Exkremententeilchen in seinen Dickdarm gelangen, hat er das Bedürfnis, sich davon zu befreien. Jedenfalls ist er immer sehr sorgfältig bemüht, vor Beginn seiner Übungen alles aus seinem Darm zu entfernen, was sich dort angesammelt hat: Er säubert das Terrain.

Im Ruhestand ist an seinem After nichts Ungewöhnliches zu bemerken. Vielleicht ist er etwas stärker als normal geweitet. Der Schließmuskel ist kräftig und elastisch. Trotz der täglich zu leistenden Muskelarbeit gibt es in diesem Bereich keine Hämorrhoiden. Auch der Mastdarm ist normal – er scheint nicht geweitet zu sein.

Bereits in früher Jugend hatte er festgestellt, daß er die ganz besondere Fähigkeit hatte, die in seinem After angesammelten Gase auszustoßen, wobei er mehr oder minder intensive Geräusche von sich gab. Später waren seine Kameraden beim Militär begeistert von seinen Übungen. Aus schierer Eitelkeit wollte sich Pujol noch selbst übertreffen. Er übte, er arbeitete an sich, er entwickelte eine nie geahnte Fertigkeit, ohne recht zu wissen, wie. In kleinen Privatveranstaltungen, dann in Cafés und schließlich im größeren Kreise erfuhr er zusehends größere Erfolge. Er war so gut, daß er allmählich in Marsaille eine bekannte Persönlichkeit wurde.

Über die technische Abwicklung des Ein- und Ausatmens schreibt Dr. Marcel Bandonni.

In aufrechter Haltung beugt sich Pujol weit vor, biegt den Rumpf vor, bis seine Wirbelsäule fast waagerecht ist, das heißt im rechten Winkel zu den unteren Gliedmaßen.

Dann umfaßt er mit der jeweils entsprechenden Hand den oberen Teil seiner Knie. Der Kopf bleibt in Richtung der Wirbelsäule ein klein wenig zum Boden geneigt. Dann sieht man, daß Pujol leicht einatmet und die Arme steif macht. Er macht einige Bewegungen, die dem nicht eingeweihten Beobachter allerdings entgehen; sein Gesicht läuft rot an. Er gibt echte Anzeichen körperlicher Anstrengung von sich. Manchmal hört man in diesem Augenblick ein leises, dumpfes Geräusch: Das ist die Luft, die durch den Schließmuskel in den Mastdarm eindringt, wobei der Anus zu vibrieren an-

fängt, vergleichbar mit unseren Lippen, wenn wir bei halbgeschlossenem Mund heftig einatmen. Nach wenigen Sekunden und mit einiger Muskelanstrengung, die recht schwer zu analysieren ist, hat der Darm ein Maximum an Luft aufgenommen. Pujol richtet sich dann fast senkrecht auf. Die „eingeatmete" Luft kann so eine gewisse, allerdings nicht sehr lange Zeit gespeichert werden. Von dort würde sie allmählich von allein, normalerweise ohne Knall, entweichen, wenn nicht Pujol die Luft absichtlich hinausdrücken würde.
Am nackten Körper läßt sich der Vorgang gut beobachten. Man sieht sofort, wenn Pujol die vorgeschriebene Position einnimmt, wie sich die Anal-Öffnung nach oben verschiebt; dabei weitet sie sich leicht, bis sie ungefähr die Größe eines Franc-Stückes erreicht und verschiebt sich dann weitere 1 bis 2 cm in die Höhe. Man sieht in diesem Moment sehr genau, daß die Luft eindringt. Es handelt sich hierbei um ein echtes, nämlich willkürliches Einatmen. Sobald der Darm gefüllt ist, bewegt sich die Analöffnung wieder abwärts und schließt sich allmählich.
Nun erfolgt die Austreibung der angesammelten Luft, wobei der Darm als Blasebalg dient.
Wenn die Gase mit ausreichender Kraft herausgepreßt werden, moduliert Pujol die entstehenden Geräusche mit seinem Schließmuskel, wobei auch die Muskeln, welche die Bewegungen im Bereich der Bauchhöhle bestimmen, wie auch die Haltung – aufrecht, leicht gebeugt oder stark gebückt, die Intensität der Töne, ihre Höhe und ihr Timbre beeinflussen. Manchmal sind es regelrecht musikalische Klänge, mal eine reine Note, mal ein vollkommener Akkord oder sogar eine erkennbare Melodie.
Pujol ahmt alle möglichen Arten von Geräuschen nach: das Singen der Geige, das Klingen der Posaune, das Brummen des Basses. Er kann zehn- bis zwölfmal hintereinander ein auf diese Weise kunstvolles Geräusch produzieren, und die Menge an aufgenommener Luft reicht dabei für gut hundertzwanzig Sekunden aus.
Ohne Kleidung kann Pujol eine Kerze im Abstand von 30 Zentimetern ausblasen. Da es sich bei diesen Übungen um Luft handelt, die nicht lange im Darm bleibt, entwickelt sich auch nicht der „berüchtigte" Duft von Darmgasen. Zusammengefaßt kann man sagen, daß bei diesen Übungen der Darm die Rolle der Lungen übernimmt – die Vorratskammer für Gase –, und daß der Schließmuskel die Rolle der Stimmbänder spielt."
Daß Joseph Pujol nicht der einzige „hörenswerteste Petomane aller Zeiten" war, zeigt uns Willy Wolf Rudinoff in seinen „Erinnerungen eines fahrenden Künstlers" (1930):
„Ich bekam einen Monatskontrakt für das „Eldorado" in Antwerpen. Im Salon des kleinen Artistenhotels, in welchem das ganze Ensemble logierte, sah ich einen kleinen, etwa achtjährigen Knaben mit einer Marionettenfigur hantieren. Er sprach mit seiner Puppe in einem Französisch „du Midi", welches die Akzente der „Cannebière" in Marsaille verriet. Ich fragte den Knaben: „Bist Du auch ein Schauspieler, mein Kleiner?" „Oh, nein,

mein Herr, nicht ich, sondern mein Vater, der heute abend im „Eldorado" seinen ersten Auftritt als großer Künstler hat." „Was macht denn dein Vater?" „Ach, mein Vater ist Pétomane." Damit lief er aus dem Zimmer und ließ mich mit einem Rätsel allein: Pétomane, Pétomane? – Was konnte das für ein Künstler sein? –

Um mir Aufklärung zu verschaffen, wollte ich den Wirt fragen, der hinter der Bar stand. Richtig, da hing ein schmaler, langer Zettel, der in blauer Schrift das Monatsprogramm anzeigte. Nur eine Nummer war in roten Buchstaben besonders hervorgehoben:

ATTRACTION EXTRAORDINAIRE!!!
LE CELEBRE PETOMANE!!!
LE BARYTON FIN DE SIECLE!!!
LE CREATEUR DU GENRE!!!
UNIQUE AU MONDE!!!

Ich bat unseren Hotelwirt, der, wie die meisten Belgier seiner Klasse, jeden Fremden „duzte", um Auskunft. Er lachte mich aus und sagte: „Aber mein Herr, du weißt nicht, was ein Pétomane ist? Das ist ja wirklich zu komisch. Also – lassen Sie mich mal erklären – ein Petomane ist . . . nun ja – ein Mann, der eine ganz besondere Sprache spricht – also dieser Mann ist ganz großartig."

Und wieder lachte er aus vollem Halse. Nun mischte sich die kleine, mollige, junge Frau des Hotelwirts, welche empfand, daß ich immer noch nicht im Bilde war, in unsere Unterhaltung. Sie konnte ein merkwürdig klingendes, gebrochenes Deutsch reden, ein Potpourri von elsässischem und Kölner Dialekt, welches mit Antwerpener Französisch durchschossen war. Während sie hinter der Bar Gläser wusch, rief sie mir zu:

„Mais, Monsieur, ein Pétomane, das ischt nämlich ein Künstler, der wo Bariton singt, aber ganz gewiß net mit dem Maul, aber grad von da, wo du druf sitze tuhst, Monsieur! Der bläst die ganze Märsch' und Overtiere von derer Seite, wo man sonst gar net singe tut! Deux cent francs par jour! Nur bloß, weil er so kinschtlich blase kann!"

Ist es verzeihlich, daß ich nun auf die Nummer unseres Stars neugierig geworden war? – „Le moment suprême" nahte. Mit einem „Allegro maestoso" des Orchesters betrat er die Bühne. Ein großer, schlanker, man muß sagen elegant aussehender Mann von etwa dreißig Jahren. Roter Frack, schwarzseidene Kniehosen a la „Kamhill" (ein Varietésänger, der damals die Herrenmode in Paris diktierte), seidene Strümpfe und Schnallenschuhe, ein kleines, schwarzes Schnurrbärtchen, kurz geschnittenes Haar und kleine, listig blickende Augen. Bevor er zu sprechen begann wie ein gewöhnlicher Sterblicher, trompetete er einen einen Heroldsruf zur Begrüßung des Publikums in den Saal.

Dann aber, gleichsam die nur ihm eigene Sprache der Natur ins Vulgäre übersetzend, beginnt er seinen Speech mit folgenden Worten: „Guten Abend, meine Damen und Herren. Ich möchte mich als der Bariton der Jahrhundertwende vorstellen."

Nun hielt er einen kleinen Vortrag und erklärte: „Ich atme die reine Luft dieses Theaters ein und gebe sie in Musik verwandelt wieder der Welt zurück! Nie-

Der Muselman im *Orient*
furzt nur nach *Osten* hingewendt.
(Unbekannter Verfasser, Das Furz-ABC)

mand wird dadurch belästigt, meine Damen und Herren! Die Luft in diesem Raum bleibt so rein wie im Paradies, als Adam der Apfel von der Eva angeboten wurde. Die Damen des Quartiers St. Germain wollten es kaum glauben, als ich mich bei einem Wohltätigkeits-Tee der Pariser Aristokratie als Phänomen des Jahrhunderts vorstellen durfte. Aber fangen wir an, Herr Kapellmeister!"
Das Orchester spielte nun einen Marsch. Der Tonkünstler übernahm hierbei die Baßposaune. Sodann imitierte er das Knattern eines Maschinengewehrs, die Seufzer einer „vierge" (Jungfrau) hinter den Mauern eines Erziehungsinstituts und schließlich das Grollen seiner Schwiegermama. Noch niemals habe ich solche Lachstürme in einem Theater erlebt wie an diesem Abend! Man lachte nicht mehr, nein, man schrie, brüllte, quietschte vor Vergnügen!"
Nun von einem weiteren, hervorragenden Meister des „Ars(ch) farzandi", Hauptfigur eines 1921 erschienenen Romans. Der beziehungsreiche Titel: „Die Limmburger Flöte". Der Verfasser Norbert Jaques hat seinem Buch den Untertitel gegeben: „Bericht über Pierre Nokké, den berühmten Musikus aus Limmburg, der auf einer Flöte blasen konnte, die er sich nicht erst zu kaufen brauchte."
Es ist ein saftiges Buch voll lachender Derbheit. Der Held des Buches, Pieter de Poep (sprich oe wie u) genannt, war eine „Primadonna des Fagotts". Seinem „Tubus tonans" entlockte er wahre Sinfonien des Gehörs. „Er blies die Arie aus dem „Karneval von Venedig" ganz herunter, ohne daß ihm auch nur ein Tönchen danebengelang.
Jener Pieter de Poep pflegte im dichtesten Menschengewühl, wenn er nicht weiterkommen konnte, wie eine Hupe zu furzen. Der Ton war so voll und rund und so echt, daß jedesmal alles eiligst auseinanderstob, um dem vermeintlichen Auto Platz zu machen.
Um bei Stimme zu bleiben, sprach er öfters in der Küche wegen Zubereitung der Kost vor; er bevorzugte stimmbildende Gerichte, deren französische Namen „flageolets" und „petits musiciens" schon ihre besondere Eignung für die Zwecke des Musikanten andeuteten. „Pieter wurde regelmäßig von seinen Freunden eingeladen, bei ihren geselligen Zusammenkünften aufzuspielen, wo er dann unter anderem auch zuweilen „die schönsten Volkslieder mit frischen Winden aus seiner Orgel rauschen ließ", die gehörig zu schmieren er unablässig bedacht war. Sein „Tubus tonans" war für ihn „das Sinnbild der hl. Cäcilie", die seit jeher als die Schutzpatronin aller Orgelspieler gilt. Hören wir hinein in eine entscheidende Phase dieses Buches, jene, da „Pieter de Poep" als Kunstfurzer Berühmtheit erlangt hat, und seine hohe Kunst beim niedrigen Volk nicht so recht angebracht findet:
Der Ruhm des Pieter de Poep überschritt alle Grenzen… es folgte das Angebot eines Limmburger Kneipwirts und eines Diedenhofener Tingeltangelbesitzers; dann eines Kinobesitzers aus Urel, der mit der Limmburger Flöte in den kommenden Wochen seine Sonntagsvorstellungen einleiten wollte, auch aus dem

Städtchen des Herzogtums selbst schrieben Wirte und luden ihn ein, zur Kirmes aufspielen zu kommen.
Solche Zumutungen beleidigten Pieter. Wer war er denn? War er denn ein Musikant? Ein Drehorgelmann vielleicht? Es bewog ihn, sein Instrument sozusagen einzuschließen, und nie mehr hörte ihn jemand auf dem Tralala blasen.
Seine Freunde mochten ihn bitten, auffordern, anflehen, beschimpfen, wie sie wollten…ob sie sagten: „Süßer Pieter, großer Okarinabläser", oder: „Du Pfurzstock und Stunkfabrikant" – er blieb hartnäckig.
„Bauch, du Dreckshund, du warst beim Mädchen, und das ist dir in die Flöte gefahren!", oder: „Du hast Würmer, du fauler Schinken, du Hämorrhoidenkalb! Blas', oder wir setzen dir einen Phonographen in den Holdrio!", das war der Ton, in dem nun seine Freunde mit ihm verkehrten. Mit dergleichen zarten Anzüglichkeiten versuchten sie, ihn zum Spielen aufzumuntern.
Er aber hielt den Mund.
Aber nur coram publico; denn im stillen Kämmerlein war er fleißiger als jemals, spielte er hingebungsvoller, übte er anhaltender. Um bei Stimme zu bleiben, sprach er wieder öfters, von den letzten Begleiterscheinungen seiner musikalischen Tätigkeit noch umweht, in der Küche wegen der Zusammensetzung der Kost vor.
„Mach' das Fenster auf!" sagte die Mutter, wenn er kam, und hielt sich die Nase zu.
Er hatte viel Mühe, seine Mutter über die Kost, die er sich wünschte, zu beschwichtigen. Aber er brauchte diese, um seine Orgel zu schmieren; denn er hatte etwas ganz besonderes vor…einen großen, patriotischen Gedanken hatte er…
Am 14. Juli war Herzogins Geburtstag, und da war jedes Jahr am Vorabend auf dem Paradeplatz nachts Konzert und Volksfest. Und da wollte er, wenn es zwölf geschlagen, in den Musikpavillon hinauf und auf das Dirigentenpult steigen und auf eine Weise, die in der ganzen Welt ihm niemand nachmachen konnte, die Fürstin feiern, indem er die Landeshymne auf seiner heiligen Cäcilie spielte…

Volkes Furz

Furzrätsel, Furzgedichte, Furzlieder
und allerlei Knallerei

DER FURZ ALS RÄTSEL

Was ist ein Furz?
Ein verunglückter Versuch, den Arsch zum Sprechen zu bringen.

Nochmal: Was ist ein Furz?
Ein Telegramm aus Darmstadt, daß die Würste bald ankommen.

Was ist der Furz also für ein Landsmann?
Ein Darmstädter.

Was hat der Furz für eine Religion?
Er ist Quäker.

Wie kann man einen Furz in fünf Teile teilen?
Indem man in einen Handschuh furzt!

Wie kann man den Furz ärgern?
Wenn man durch ein Sieb furzt, dann weiß er nicht, bei welchem Loch er hinaus soll.

Was tut der Geizige, wenn er furzt?
Er ärgert sich über die Verschwendungssucht seines Arschs.

Was tun die Armen, wenn sie furzen?
Sie pfeifen aus dem letzten Loch.

Was ist der Unterschied zwischen dem Wind und dem Furz?
Der Wind bläst in die Haare, der Furz aus den Haaren.

Er hat keine Liebe, kriegt keine Liebe, und wenn er auf die Welt kommt, dann brüllt er doch!
Der Furz.

Er zielt nach der Ferse, sticht aber in die Nase, wer ist das?
Der Furz.

Sag mir, was ist das? Es ist kein Fuchs und kein Has'. Es hat kein Haar und hat keine Haut und schreit doch allweil überlaut.
Der Furz.

Woran erkennt man, daß eine Frau Strumpfhosen trägt?
Wenn sie furzt, kriegt sie so dicke Waden.

Welcher Fisch furzt um einen Ton tiefer als die anderen?
Der Barsch.
Weil er ein B vor dem Arsch hat.

Was ist der kräftigste Teil am menschlichen Körper?
Der Arsch, denn der kracht immer und bricht nie.

Was ist spitzer als eine Nadel?
Der Furz, denn er geht durch die Hose und macht kein Loch.

Warum stinkt der Furz?
Damit auch die Schwerhörigen etwas davon haben.

Was ist das Schwerste auf der Welt?
Den Furz an einem Kördelchen aufhängen.

DAS PUPLIED

Nur zu singen bei feuchtfröhlicher Laune
und geschlossenen Fenstern.

Melodie:
Bin kein Freund von Traurigkeit.

Prost! Ihr lieben Pupkameraden,
Freundlich seid Ihr eingeladen.
Ob Ihr sitzet oder geht,
Euch das Puploch offensteht.

Pup, pup, pup, pup, Heideritchen,
Ob Ihr sitzet oder geht,
Euch das Puploch offensteht.

Die Offiziere pupen gerne,
Sind sie mal in der Kaserne,
Pupen tut der Grenadier,
Seine Köchin sorgt dafür.

Pup, pup, pup, pup, Heideritchen,
Ob Ihr sitzet oder geht,
Euch das Puploch offensteht.

Selbst der brave Klosterbruder
Ist im Pupen so ein Luder,
Hat er sein Gebet vollbracht,
Pupt und furzt er, daß es kracht.

Pup, pup, pup, pup, Heideritchen.
Ob Ihr sitzet oder geht,
Euch das Puploch offensteht.

Und die schöne Leonore
Vor dem Rosentaler Tore,
Will sie morgens früh aufstehn,
Läßt sie erst noch einen gehn.

Pup, pup, pup, pup, Heideritchen.
Ob Ihr sitzet oder geht,
Euch das Puploch offensteht.

Pupen tuen alle Kinder,
Pupen tut der Pferdeschinder,
Puparsch ist sein Lieblingstrank,
Pupt er nicht, so ist er krank.

Pup, pup, pup, etc.

Auch die Köchin in der Küche,
Sie verbreitet Wohlgerüche,
Wenn sie Zwiebelsuppe macht,
Pupt sie gleich, daß alles kracht.

Pup, pup, pup, etc.

Arbeitsmann in stiller Kammer,
Sieben Kinder, s'ist ein Jammer,
Läßt der Vater einen streichen,
Müssen Frau und Kinder weichen.

Pup, pup, pup, etc.

In Afrika, dem Land der Tropen,
Pupen Affen, Antilopen.
Pupen tut auch König Bell,
Scheußlich stinkt sein schwarzes Fell.

Pup, pup, pup, etc.

Zum Pupen hat im Sattelsitz
Der Radler einen großen Schlitz.
Pupen tut er meistens auch,
Pumpt er Luft in seinen Schlauch.

Pup, pup, pup, etc.

DAS ABC DES FURZENS

A
Man halt am *Arsch* ein Streichholz still,
Wenn man den Furz *anzünden* will.
B
Liegt noch im *Bauch* der Furz verborgen
Macht Dir sein *Brummen* keine Sorgen.
C
Es furzt so wie der *Corporal*
Im Vatikan der *Cardinal.*
D
Dumpf ist so manches Furzes Tönen,
Wie *Donner* andere erdröhnen.
E
So mancher Furz stinkt faul nach *Ei*,
Oftmals ist *Einlauf* auch dabei.
F
Furz, Forz und *Farz, 's* ist einerlei,
Denn *furchtbar* stinken alle drei.
G
Aus dem *Gesäß* der Furz entspringt,
Doch sein *Geruch* zur Nase dringt.
H
Bist Du zu *Haus*, dann furze zu,
Bei mir halt Dir den *Hintern* zu.
I
Noch hat des Furzes *Inhalt* nie
Benutzt bis jetzt die *Industrie.*
J
Laut läßt den Furz der *Jude* streichen.
Der *Jesuit läßt leis' ihn schleichen.*
K
Vom *Kaiser* bis zum *Kanonier*,
Furzt jeder Mensch, furzt jedes Tier.
L
Ein Furz mag *laut* und *leise* sein,
Ins *Loch* geht keiner wieder rein.
M
Des *Mädchens* Furz hat oft Bukett,
Die *Melodie* ist immer nett.
N
Die *Nase* mag den Furz nicht leiden,
Der *Nabel* kann's nicht unterscheiden.
O
Der Muselmann im *Orient*
Furzt nur nach *Osten* hingewendt.
P
Das Furzen macht mir viel *Plaisier*,
Man braucht dazu auch kein *Papier.*
Q
Viel *Qual* macht Dir der Furz, auf Ehre,
kommt er Dir keuchend in die *Quere.*
R
Der *Rülps* gleicht doch dem Furze sehr,
Doch der stinkt in der *Regel* mehr.
S
Der Furz tönt hell wie *Saitenklang*,
Dem *Streicher* wird es dabei bang.
T
Des *Teufels* Furz ist höllisch heiß,
Wie jeder *Theologe* weiß.
U
Unendlich lange stinkt der Furz,
Der Ton ist *ungebührlich* kurz.
V
Frau *Venus* ließ einst einen fahren,
Vulcan rief: Zeus soll mich bewahren.
W
Willst einen Furz Du lassen, Kind,
So dreh' den Hintern nach dem *Wind.*
X
Als er den *Xanthus* tat erreichen,
Ließ *Xerxes* einen Langen streichen.
Z
Wie *Zephyr* steigt der Furz zur Höh',
Zu Ende ist das ABC.

DES VOLKSMUND'S FURZ-LEXIKON

TEIL 1: F WIE FURZ

Furzagnes: in Köln „et hellege (heilige) Futzagnes". Wenn ein Mädchen einen Furz läßt und dabei ein unschuldiges Gesicht macht, um sich nicht zu verraten, dann nennt man sie so;

Furzaufleser: einer, der sich für überklug haltend, nichtige Kunst treibt;

Furzbengel: Fagott;

Furzberg: in der Eifel Ausdruck für Vulkanberg;

Furzbirne: für Hagebutte, auch für die Frucht des Weißdorn;

Furzbock, Furzbalg, Furznickel: einer, der oft furzt; ein Vielfurzer;

Furzbombe: Kartoffel;

furzbraun: dunkelbraun;

Furzdoktor: Quacksalber; auch Arzt, der eine Purgenz (Abführmittel) als Universalmittel verschreibt;

Furzfänger, Furzglocke: Damenrock; Unterrock; kurzes Kinderröckchen;

Furzfaß: Hintern;

Furzgebäck: Schmalzgebäck; auch als Nonnenfürzchen bekannt;

Furzgewinn: kaum nennenswerter Gewinn im Spiel. Man sagt auch: um Fürze spielen;

Furzibus: stinkende Zigarre;

Furzjunge: Strichjunge für Analkoitus. Beim Analverkehr wird Luft in den Dickdarm gepumpt, die danach wieder entweicht. Wenn ein ‚Pupenjunge' vor einem geht, furzt er deshalb oft gegen seinen Willen. Das ausströmende Aroma wird von den Analerotikern als angenehm empfunden und dient so als Lockmittel;

Furzkanonadensuppe: Erbsen-, Bohnen- und Linsensuppe;

Furzkerl, Furzmichel: ein elender Mensch, ein erbärmlicher Wicht;

Furzkiste, Furzmulde, Furzmolle, Furzgestell: Bett;

Furzklemmer: Geizhals größter und kleinlichster Art; ein Erzknicker;

Furzklappe, Furzkamisol: ein nicht über das Gesäß hinabreichender Männerrock;

Furzknochen: Steißbein;

Furzkommunionsjüngelchen: verächtlich für kleiner Bräutigam;

Furzkasten: in Bayern für Lederhose;

furzlang: alle Furzlang; Ausdruck für Wiederholungen in ganz kurzer Zeit;

furzledig: ein 14jähriger ist furzledig, ein 15jähriger bohnenledig, ein 16jähriger hundsledig;

Furzloch: Arschloch;

Fürzriecher: Abortwärter;

Furzschnüffler: Sittenpolizist; auch für Anilinctor (anilingere = fürzschnüffeln);

Furzsteuer: Hurensteuer des Mittelalters.
Manche Städte verlangten von den „fahrenden Frauen", daß sie entweder eine Einreisesteuer (Hurensteuer) bezahlten oder „facere unum bombum" (einen Furz lassen) anstatt ‚klingender Münze'. Dieser eigentümliche Brauch wurde vom Volksmund prompt „Furzsteuer" getauft;

furztrocken: sehr trocken; Bezeichnung auch für sehr trockenen Humor;

Furztruhe: Orgel;

Furzverteiler: Hose;

Fützke: kleine Pfannkuchen;

TEIL 2: UND NOCH EIN PAAR 4-BUCHSTÄBLICHKEITEN MEHR

Anilinctor: einer, der durch Furzschnüffeln sexuelle Befriedigung findet

Apfel ohne Stengel: besonders malerischer Ausdruck für das Furzen, Engadin

Beamter: Halbfurzer, Kissenpuper, Sesselfurzer, Zivilfurzer

Bier, dunkles: Puparsch

Dünnschißkanone: Maschinengewehr

Eselsfurz: so wird der Bovist bezeichnet, ein Delikateß-Pilz

Essen, schlechtes: „dicker Arsch mit Furz", Maingegend

Flieger, feindliche, in Sicht: Ausruf beim Militär, wenn ein Kamerad furzt

Gasmann: einer, der nie furzt

Hinter- oder Lochpfeife: das Hinterventil, das Hinterfornier (Teil einer Ritterrüstung)

Knallerbsen: witzigerweise Bezeichnung für Bohnen, Rheinland

Knubbelfutz: kleine, gedrungene Person, Rheinland

Luftbombe: so heißt der Furz unter Fliegern

Mölmpöpper: kleines Frauenzimmer, das wegen seiner Erdennähe beim Puppen (Furzen) den Staub aufwirbelt (Mölm = Müll), Rheinland

Mörser: Nachtstuhl

Rauchloch, Ofenloch, Schlot: Arschloch

Schuster: Pechfurzer

Senf: feuchter Furz

Soldat: Kasernenfurzer

Streichmusik: Geräusch in einer Kaserne bei Nacht

Tal des Windes: Umschreibung für Arsch, China

Tonhalle: Lokus

Windbeutel: gebackener Furz

Windfang: Hemd

Wirbeltier, gasförmiges: so bezeichnet der Dichter Ernst Haeckel den Furz. Aus: „Welt-Rätsel"

DES VOLKES FURZ-TYPEN

Was sagt man über einen Neunmalklugen?
„Der macht mir zuviel Wind für sein kurzes Hemd."

Was sagt man über einen Möchtegern?
„Der will große Fürze lassen und hat das Arschloch nicht dazu."

Was sagt man über einen Angeber?
„Der läßt keinen Furz, der nicht riecht."

Was sagt man über einen Geschäftemacher?
„Der läßt keinen Furz unter einem Taler."

Was sagt man über einen Geizhals?
„Der will mit einem Furz einen Morgen Land düngen."

Was sagt man über einen Wichtigtuer?
„Der macht aus jedem Furz einen Donnerschlag."

Was sagt man über einen Rhetoriker?
„Der kann die Wörter verdrehen wie ein Esel die Fürz'."

Was sagt man über einen Idealisten?
„Der hat große Fürz' im Kopf."

Was sagt man über einen Empfindsamen?
„Der läßt die Flöhe am hellichten Tag furzen."

Was sagt man über einen Schöntuer?
„Der ist so voll Komplimente wie ein Esel voll Fürz'."

Was sagt man über einen Sommersprossigen?
„Dem hat der Esel ins Gesicht gefurzt."

Was sagt man über einen Schuldner?
„Die Gläubiger sind hinter dem her wie der Gestank hinter'm Furz."

Was sagt man über einen Furchtsamen?
„Der hat Angst wie ein Furz in der Laterne."

Was sagt man über einen steifen Gesellschafter?
„Der ist trocken wie ein Furz."

Was sagt man über einen ruhigen Zeitgenossen?
„Der ist gelassen wie ein Furz."

Was sagt man über einen Schüchternen?
„Der ist verklemmt wie ein Furz."

Was sagt man über einen Hypochonder?
„Der springt zum Arzt, wenn sich nur ein Furz in seinem Arsch verirrt."

Was sagt man über einen Armen?
„Der hat soviel Not, daß ihm die Fürze nimmer stinken."

Was sagt man über einen Dummen?
„Meine Kuh furzt gescheiter, als der schwätzt."

DER FURZ ALS VOLKSLIED

Als der Teufel Hochzeit machte,
Da fehlt 's ihm an Gewürz,
Da nahm er in der Schnelligkeit
Noch eine Handvoll Fürz'.
Gassenhauer, Berlin

Dem Pfarra von Würzburg
Ging'n imma die Fürz' durch.
Denn in der Sem'narzeit
Haben's Arschloch ihm aufg'weit't.
Schnaderhüpferl, Franken

In der Kirche von Canossa
Hängt der Arsch von Barbarossa,
Und viel' dunkle Negerärsche
Blasen dumpfe Trauermärsche.
Liedstrophe, Ganz Deutschland

Zwei Knaben saßen in ihrem Bett
Und furzten lustig um die Wett',
Bis das der eine kackte:
Da kamen sie aus dem Takte.
Liedstrophe, Ganz Deutschland

Zwei Knaben gingen durch das Korn,
Der eine hinten, der and're vorn,
Doch keiner wollte hinten geh'n,
Denn hinten war die Luft nicht schön.
Liedstrophe, Ganz Deutschland

Frau Wirtin hat 'nen Freund aus Wien,
Der furzte Opernmelodien,
Er furzte „Rote Rosen",
Doch als er Wagner ausprobierte,
Da schiß er in die Hosen.
Liedstrophe, Wirtinnenverse,
Ganz Deutschland

Was ist das Höflichste?
Ein Fürzel, wenn es reisen muß,
So legt es ab ein' feinen Gruß,
Das ist das Höflichste.
Liedstrophe Österreich

Was ist das Heikelste?
Der, so das Fürzel hat gehört,
Gleich d' Nase mit Toback versperrt,
Der ist der Heikelste!
Liedstrophe, Österreich

Horridoh und Waidmannsheil!
Der Furz ist kein geölter Pfeil,
Sonst hätten manche Waidgenossen
Die eigne Frau im Bett erschossen.
Liedstrophe, Schweiz

FÜRZE ZUM ABZÄHLEN

RAUS BIST DU

Eene, deene, dorz,
Der Teufel ließ 'en Forz,
'en dicken Forz ließ er,
In die Hosen schiß er,
Schiß er in die Hosen,
Stinkts wie Aprikosen,
Schiß er noch dazu,
Stinkts wie Du!
Abzählvers, Maingegend

Un, dun, dutz,
Der Vatter leet ene Futz;
De Mutter wollt en schnappe,
Do log hä unger der Trappe;
De Kinder wollten en koche,
Do wor hä ald verroche.
Abzählvers, Rheinland

Marie, Marie, Marotz,
Wat rabbelt der de Butz!
Ich meint, et wör ne Donnerschlag,
On do wor et ene Futz!
Abzählvers, Rheinland

Lenche, Lenche,
Streck dat Benche,
Loss dat Fützche bumbe,
Wickels in de Lumbe,
Drag 's in die Hollergass,
Pfui, pfui, was stinkt das.
Abzählvers, Rheinland

One, tone, turz
Der Pfarrer läßt 'n Furz,
Furzt er bei der Wandlung,
Stört 's die heil'ge Handlung,
Mit der Andacht ist es aus,
Du bist raus.
Abzählvers, Hannover

Ene, mene, muh,
Wie furzt die Kuh?
Vorne muht se,
Hinten buht se,
Kommt beim Buhen Dünnschiß raus,
Siehst Du sehr beschissen aus,
Und bist draus.
Abzählvers, Hamburg

Eins, zwei, drei,
Du bist noch nicht frei,
Du quengelst,
Du drängelst,
Du bohrst,
Du rumorst,
Eins, zwei, drei,
Dich Furz laß ich frei.
Abzählvers, Frankfurt

Nikelos
Bire fross,
Hät en decke Futz geloss!
Abzählvers, Rheinland

Hoppla, hoppla, heissa,
Wie findet man zwei Scheissa'?
Der eine furzt drauf zu,
Der andere stinkt dazu.
Abzählvers, Elsaß

Wer hat hier den Furz mit Soß'
In der Hos'
Der ist los.
Abzählvers, Bremen

FURZIGER BIMBAM

Es war einmal ein Mann,
Der hieß Bimbam,
Bimbam hieß er,
'en dicke Forz ließ er,
Ließ noch ein' dazu,
Das bist Du!
Abzählvers „Bimbam", Maingegend

Es war einmal ein Mann,
Der hieß Bimbam,
Bimbam hieß er,
Sechs Förz ließ er,
Einen auf den Tisch,
Der war wie 'n Fisch,
Einen in den Schrank,
Der war krank,
Einen auf den Stuhl,
Der war ganz kuhl,
Einen in 's Bett,
Der war fett,
Einen in 's Kommod',
Der war tot,
Einen zum Fenster 'raus,
Da war der ganze Gestank draus.
Abzählvers „Bimbam", Berlin

Es war einmal ein Mann,
Der hieß Bimbam,
Bimbam hieß er,
Einen dicken Furz ließ er,
Er ließ ihn uff de Ofe,
Da tat der nit schlofe,
Er ließ ihn uff die Bank,
Da ward er krank,
Er ließ ihn zum Fenster 'naus,
Da war der Stänker draus.
Abzählvers „Bimbam", Elsaß

SALOMOS FURZ-PHILOSOPHIE

Salomo, der Weise, spricht:
Laute Fürze stinken nicht.
Aber jenen, die da schleichen,
Mußt Du aus dem Wege weichen.
Furzgedicht, Wien

Salomo, der Weise, spricht:
Laute Fürze stinken nicht.
Doch die Feinen und die Zarten
Sind ein übler Blumengarten.
Furzgedicht, Berlin

Salomo, der Weise, spricht:
Laute Fürze stinken nicht.
Aber die so leise kriechen,
Die soll nur der Teufel riechen.
Furzgedicht, erneut Wien

Salomo, der Weise, spricht:
Laute Fürze stinken nicht,
Ruchbar ist der stille Feist,
Bei dem man in die Hose scheißt.
Furzgedicht, Variationen aus Berlin

Salomo, der Weise, spricht:
Laute Fürze stinken nicht.
Darauf entgegnet Alexander:
Einer stinket wie der ander,
Aber die so leise zischen,
Wenn sie dem Hinterloch entwischen,
Diese stinken fürchterlich.
Furzgedicht, letzte Version aus Wien

Aus Liebchens Arsch
klingt lieblich auch der Furz.
(Sprichwort, Deutschland)

EINE FURZBALLADE

Volksgenossen! Eine Plage
Quält die Menschheit unserer Tage.
Wir benennen diese kurz
Mit dem kleinen Wörtchen Furz.
Was ein Furz ist, ist bekannt,
Häufig wird's auch Pup genannt.
Zart und schamhaft sind
die Püpchen
Meist im stillen Jungfernstübchen.
Ungeniert die Fürze knallen
Indes in lauten Arbeitshallen.
Es klingen Fürze oft sehr barsch
In Kasernen, auf dem Marsch.
Mancher fühlt mit jedem Schritt
So ein Ding in seinem Tritt.
Was beim einen schleichend flühmt,
Läßt der andere unverblümt.
Mancher setzt Dir von dem Gase
Eine Wolke vor die Nase,
Und Du mußt mit leisem Fluchen
Vor dem Duft das Weite suchen.
Der ihn aber hingebaut,
Nur komisch in die Gegend schaut.
Der eine preßt ihn ins Klosett,
Der andere knallt ihn aufs Parkett.
Manchmal saust ein Furz, o Graus,
Ungewollt zum Hintern raus.
Und sträubt man sich auch
noch so sehr,
Es folgt was Nasses hinterher.
Alles furzt, ob Mädchen, Knabe,
Jüngling, Mann, ob Greis am Stabe,
Ob Braut, ob Mutter, Onkel, Tante,
Ob Gnädigste, ob Anverwandte,
Alles ringsherum im Kreise
Furzt auf seine eigene Weise.
Denn ein alter Spruch tut kund:
Wer lange furzt, bleibt lang gesund.
Aber, weil nun jeder scheißt,
Regt sich auch der Forschergeist,
Und es fragt das Menschenkind:
Woher kommt der viele Wind?
Wie entsteht beim Publikum
Dieser Drang da hintenrum?
Schuld nur an des Hintern Not
Ist das gute Vollkornbrot.
Denn es fördert als Ernährung
Erheblich doch im Bauch
die Gährung.
Hat man's dann in dem Gedärm,
Beginnt auch schon der wilde Lärm.
Volksgenossen! Duckt Euch tief,
Nicht etwa vor dem Krach und Mief.
Nein! Wer aß das Vollkornbrot,
Der schießt auch oft mit
dessen Schrot!

Verfasser unbekannt.
Diese Furzballade wird seit drei Generationen in der Familie Wirth, Celle weitergegeben.

EIN FURZGEDICHT

Der Furz fliegt in Millionen
Teilchen,
Ein Seufzer, und er ist entfloh'n.
Er duftet lieblicher als Veilchen,
Schallt süßer als ein Flötenton.
Einst lag ich in Linas
zarten Liebesarmen,
Keck nestelte ich an ihrem Schurz,
Auf einmal, mag der Himmel
sich erbarmen,
Erschreckt' ich ihr Gemüt durch
einen Furz.
Ich hielt noch zitternd ihre Knie
umschlossen,

Da sprach sie ganz entschieden
„Nein",
„Du hast der Liebe zartes Band
zerschossen,
Du kannst hinfort nicht mein
Geliebter sein".
Zwei Jahre vergingen,
ich sah' sie oft indessen,
Sie blühte schöner als der junge Mai,
Ich sprach, sie möge doch vergessen,
Weil es ein Seufzer nur
gewesen sei . . .
Tat ich des Liebenden denn
zu wenig?
Furzt denn nicht die ganze Welt?
Furzt nicht der Ritter,
furzt nicht der König,
Der Minister und der Kriegesheld,
Läßt nicht der Bauer seine
Fürze knallen?
Furzt nicht das Rindvieh,
selbst das edle Roß?
Es furzen selbst die kleinsten
Nachtigallen . . .
Und auch an meinem Hintern
hängt kein Schloß.
Verfasser unbekannt.
Mit diesem Furz-Gedicht
würzt die Familie Pütz, Köln,
seit jeher ihre Familienfeste.

VIER FURZ-BESCHREIBUNGEN

Ein Furz hat sieben Eigenschaften:
Er kriecht und riecht,
Er muckt und spuckt,
Er stinkt und klingt,
Er lügt und betrügt,
Er öffnet den Darm,
Macht die Hose warm.
Westfalen

Ne Furz hät seven Eigenschaften:
He stenk on he klenk,
He lög on he bedrög,
He zielt op de Fersch
On triff de Arsch,
He mät ene ledige Därm
On et Herz wärm
Rheinland

Was ist ein Furz?
Erstens Luft,
Zweitens Duft,
Drittens Quengler,
Viertens Drängler,
Fünftens, sechstens
Ein Verklemmter
Oder aber Ungehemmter,
Siebtens, achtens,
Stiller Schleicher
Oder aber lauter Streicher
Berlin

Der Furz bubbelt vell,
Noch mih stubbelt er stell,
Er fuppt on tuppt,
Er muckt on muckt,
Us der Futt er spuckt.
Rheinland

KINDER(REIME) DES FURZENS

Pup, pup, pup
Durch jede Ritze,
Pupt man auf dem Sofasitze,
Pupen tut ein jedes Luder,
Pupen tut der Klosterbruder.
Pupt zumeist mit solcher Macht,
So daß ihm die Schwarte kracht.
Pupen ist 'ne große Not,
Wer nicht pupen kann geht tot.
Kinderreim, Groß-Frankfurt

Lissele, Lissele, hopsassa!
Fall nit üwer's Bettle herab,
's Bettle isch gar schmal un kurz
Heissa Lissele, loß keinen Pfurz.
Kinderreim, Süddeutschland

Auf dem Berge Sinai
Wohnt der Schneider Kikriki.
Knöppt 'r seine Hosen auf,
Huppt ein großer Floh heraus.
Seine Frau, die alte Lerche,
Ließ e Förzchen in der Kerche,
Auf der großen, langen Bank
War e großer Forzgestank.
Kam der Pastor hergesprungen:
„Frau, Sie hab'n falsch gesungen."
Und der Kutscher auf dem Bock
Schiß vor Angst gleich in den Rock.
Kinderreim, Leipzig

Bums, Bums, Bums,
Heb' d' Nase zua,
Der Furz der loßt mir a mol koa Ruah.
Kinderreim, Tirol

's isch emol g'sin e Maidele,
Angeton mit eme Kleidele,
's Kleidel isch g'sin ze kurz
Derno het's gelon e Furz.
Der Furz isch g'sin arrig kalt
So isch es gange in der Wald,
Im Wald isch's g'sin ze naß,
Drum lauft's jetz uff d' Gass'.
Dert isch's ihm wore heiß
's het felle lon viel Scheiß.
Kinderreim, Großherzogtum Baden

Zwischen zwei Bergen
Brummt ein Bär.
Und wenn man ihn ärgert,
Dann brummt er noch mehr.
Kinderreim, Maingegend

Was ist der Mensch?
Ein Erdenkloß,
Gefüllt mit roter Tinte.
Er hat ein Arschloch,
Gott weiß, wie groß,
Das knallt wie eine Flinte.
Kinderreim, Berlin

Der Mensch, der ist ein Erdenkloß,
Gefüllt mit roter Tinte,
Hat einen Arsch, wer weiß wie groß,
Und vorne eine Flinte.
Und drunter hängt der Pulversack
Gefüllt mit zwei Patronen,
Und, wenn er einen fahren läßt,
Dann donnern die Kanonen.
Kinderreim, Berlin

Furzt der Bauer im Mai,
Ist der April vorbei.
Kinderreim, Mecklenburg

SCHÜTTEL-FÜRZE

Der Anus ist ein Seelenschacht,
Aus dem sich Fürze schälen sacht.

Der Ringer schwenkt die derbe Hüfte,
Dem Arsch entquellen herbe Düfte.

Feucht ist der Furz bei Leibpein,
Voll ist bei Mannesmann die Pipeline.

Es furzt die Maid behosenrockt,
Derweil sie in den Rosen hockt.

Es riecht so wie auf Leichenstraßen,
Wo ich hab einen streichen lassen.
Doch duftet es, du weißt es, Kind,
Wo sich erhebt mein Geisteswind.

Schüttelreime, Verfasser unbekannt

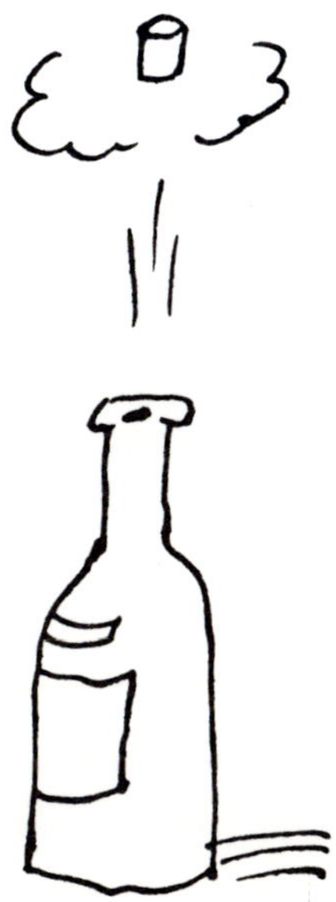

Hinterlassenschaften

Der Furz in Histörchen
und Anekdoten
verklemmt oder ungehemmt,
geziert oder ungeniert

DER FURZBRIEF

Beginnen wir das Kapitel der „Hinterlassenschaften" mit einem Brief, dem berühmten „Furzbrief" der Liselotte von der Pfalz:
Paris, 26. März 1722. Mit dem König stehe ich auch nicht so übel. Ich habe gestern seinen Hofmeistern einen Possen getan, so mich recht divertiert hat. Sie seind so jaloux vom König, meinen als, man sage etwas gegen ihnen, habe sie brav ertappt.
Vorgestern hat der König eine Windcolique gehabt; gestern kam ich ganz ernstlich zum König, steckt ihm ein Zettelchen in die Hand; der Maréchal de Villeroy wurde ganz embarrassiert, fragte mich gar ernstlich: „Quel billet donnez-vous au roi?" (Was für einen Zettel gebt Ihr dem König?). Ich antwortete ebenso sérieux: „C'est un remède contre la colique des vents." (Es ist ein Mittel gegen die Wind-Kolik). Der Maréchal: „Il n'y a que le premier médecin du roi qui lui propose des remèdes." (Nur der erste Leibarzt des Königs darf ihm Mittel vorschlagen). Ich antwortete: „Pour celui-ci je suis sure que Monsieur Dodart l'approuvera; il est même écrit en vers et en chansons." (Mit diesem Mittel wird Monsieure Dodart sicher einverstanden sein. Es ist sogar in Versen als Lied geschrieben.) Der König, ganz embarrassiert, las es heimlich, fing gleich an zu lachen. Der Maréchal sagte: „Peut-on le voir?" (Kann man es sehen?). Ich sagte: „O oui, il n'y a point de secret." (O ja, es ist kein Geheimnis dabei.) Er fand drin diese folgenden Wörter:

Vous qui dans le mésentère
Avez des vents impétueux
Ils sont dangereux
Et pour vous en défaire
Pétez!
Pétez, vous ne sauriez mieux faire
Pétez!
Trop heureux de vous défaire d'eux!
A ces malheureux
Pour donner liberté toute entière
Pétez!
Pétez, vous ne sauriez mieux faire
Pétez
Trop heureux
De vous délivrer d'eux! –

Ihr, die Ihr im Gekröse
Habt Winde gar so schlimme
Gebt diesen Winden Stimme
Laßt gehn sie mit Getöse
Laßt fliegen
Könnt bessres nicht erfinden
Laßt fliegen!
Und froh, Euch ganz zu lösen
Von diesen bitterbösen
Gebt Freiheit Euern Winden
Laßt fliegen!

Es wurde ein solch' Gelächter im Cabinet, daß ich mirs gereut hätte, den Possen nicht angestellt zu haben; denn der Maréchel de Villeroy wurde ganz bedudelt drüber.
Dies ist noch ein alter Streich von meiner Jugend.

WER FURZT, LEBT.

Im zweiten Buch seiner „Bekenntnisse" berichtet Rousseau über das Hinscheiden der Frau von Vercellis, der er als einer Frau von Geist und Verstand stets die größte Hochachtung entgegengebracht hatte. Ihr Tod traf ihn auf das schmerzlichste.

Es heißt da u.a.: „Nur während der zwei letzten Tage hütete sie das Bett und hörte nicht auf, sich ruhig mit jedermann zu unterhalten. Endlich, als sie nicht mehr sprach und schon im Todeskampf lag, entfuhr ihr ein lauter Furz. „Wohl", sagte sie sich umwendend, „une femme qui pète n'est pas morte." (Eine Frau, die furzt, ist nicht tot), waren ihre letzten Worte.

Rousseau sieht eine besondere Pointe in der Tatsache, daß es in Frankreich über einen verstorbenen Mann heißt: „Il ne petera plus". (Er wird nicht mehr furzen), woraus mit Sicherheit abzuleiten ist: „Qui petera, vivra". (Wer furzt, lebt).

In „Amoemitates medicae" von Dr. C.-Sadler, 1881, lesen wir zur Sache:

Herr Rousseau hat, ich weiß nicht wie?
Von einer Frau von Vercellis
Dies seltene Stückchen aufbewahrt:
Sie war schon fast dem Tod gepaart,
Und in gespanntem Schmerz umstanden
Von ihm und vielen, die sie kannten.
Da quirlt ihr hinten aus dem Bauch
Ein Tönchen, ein gewürzter Rauch;
Worauf sie scheidend, lächelnd spricht:
Ein Weib, so pfurzt,
Das stirbt noch nicht.

SIMPLEX' FURZ-FORMEL

Für den „Feinriecher" auf dem Gebiet der Furz-Forschung ist der „Simplicissimus" von Hans Jakob Christoffel von Grimmelshausen geradezu eine Offenbarung. Riechen wir einmal hinein ins volle Menschenleben (34. Kapitel, 1. Buch):

Simplex fragte einen Pagen, dem er sich freundschaftlich angeschlossen hatte, wie man die Fürze, „diese Kerle, so stillschweigend abschaffen könnte. Mein Camerad antwortete: ‚diese Kunst ist gering; du darfst nur das linke Bein aufheben wie ein Hund, der an eine Ecke brunzt, darneben heimlich sagen: Je pete, je pete, je pete – und mithin so stark gedruckt, als du kannst, so spazieren sie so stillschweigends dahin, als wann sie gestohlen hätten.' ‚Es ist gut', sagte ich, ‚und wannschon es hernach stinkt, so wird man vermeinen, die Hunde haben die Luft verfälscht, sonderlich wann ich das linke Bein fein hoch werde aufheben.' – ‚Ach', dachte ich, ‚hätte ich doch diese Kunst heute in der Schreibstube gewußt'."

Simplex sollte bald Gelegenheit haben, die Wirkung des Bannspruchs „je pete" zu erproben. Es war bei einem Feste, wo er aufwartete. Es heißt da: „Als ich dergestalt mit einem Teller in der Hand vor der Tafel stand und in meinem Gemüt von allerhand tumben Gedanken geplagt ward, ließ mich mein Bauch auch nicht zufrieden, er knurrte und murrte ohn Unterlaß und gab dadurch zu verstehen, daß Bursch in ihm vorhanden wären, die in freie Luft begehrten; ich gedacht, mir von dem ungeheuern Gerümpel abzuhelfen, den Paß zu öffnen und mich dabei meiner Kunst zu bedienen, die mich erst die vorig Nacht mein Camerad gelernt hatte. Solchem Unterricht zufolg hub ich das linke Bein samt dem Schenkel in alle Höhe auf, druckt von allen Kräften, was ich konnte, und wollte meinen Spruch ‚je pete' zugleich dreimal heimlich sagen. Als aber der ungeheure Gespan, der zum Hintern hinauswischte, wider mein Verhoffen so greulich tönte, wußte ich vor Schrecken nicht mehr, was ich täte... Derowegen ließ solches dasjenige, so ich heimlich zu reden im Sinn hatte, dem Hintern zu Trutz überlaut hören, und zwar so schrecklich, als wann man mir die Kehle hätte abstechen wollen. Je greulicher der Unterwind knallte, je grausamer das ‚je pete' oben herausfuhr, gleichsam als ob meines Magens Ein- und Ausgang einen Wettstreit miteinander gehalten hätten, welcher unter ihnen beiden die schrecklichste Stimme von sich zu donnern vermöchte. Hierdurch bekam ich wohl Linderung in meinem Eingeweid, dargegen aber einen ungnädigen Herrn an meinem Gouverneur. Seine Gäste wurden über diesem unversehnen Hall, Trompetenschall und hintern Cartaunenknall fast wieder alle nüchtern; ich aber, weil ich mit aller meiner angewandten Mühe und Arbeit keinen Wind bannen können, in eine Futterwanne gespannt und also zerkarbaitscht, daß ich noch bis auf diese Stunde daran gedenke. Solches waren die ersten Bastonaden, die ich kriegte, seit ich das erstemal Luft geschöpft, weil ich dieselbe so abscheulich verderbt hatte, in welcher wir doch gemeinschaftlicherweise leben müssen. Da brachte man Rauchtäfelein und Kerzen, und die Gäste suchten ihre Bisemknöpfe und Balsambüchslein, auch sogar ihren Schnupftaback hervor; aber die beste Aromata wollten schier nichts erklecken. Also hatte ich von diesem Actu, den ich besser als der beste Comödiant in der Welt spielte, Friede in meinem Bauch, hingegen Schläg auf den Buckel, die Gäste aber ihre Nasen voller Gestank und die Aufwarter ihre Mühe, wieder einen guten Geruch ins Zimmer zu machen."

HEISSE LIEB', HEISSE FÜRZ'

1. DIE FURZENDE BRAUT

Honoré de Balzac greift in seiner Erzählung „Les trois clercs de Saint-Nicholas' einen Furz auf, der in der besten Familie vorkommen kann, während sie gegründet wird: den Furz der Braut. Bei Balzac wendet sich eine Braut, die an Blähungen leidet, vor der Hochzeitsnacht in höchster Not an ihre Mutter und bittet sie um Rat und Hilfe:
„Die gute Frau gestand ihrer Tochter, daß diese Schwäche in der Familie erblich sei, daß ihr aber der liebe Gott in vorgerücktem Alter die Gnade verliehen habe, ihr Ventil in der Gewalt zu haben. Sie gab ihr die nötigen Anweisungen, wie man den vorlauten Trompetern das Maul stopfen könne; wenn sie dabei nicht röchen, wäre jeder Skandal vermieden. Das Rezept, die würdigen Gesellen klein zu kriegen, bestehe darin, sie so lange zurückzuhalten, bis sie ganz mürbe würden und keine Kraft mehr hätten, also daß sie sich schämten und davonschlichen wie Diebe in der Nacht." – In unserer Familie nennt man sie die erdrosselten Fürze („Et en nostre famille, cecy s'appelle estrangler les pets").
„Als nun die Neuvermählte in der Brautnacht, während der sie unablässig mit den Windteufeln zu kämpfen hatte, unter irgendeinem Vorwande einmal das Bett verließ, tat es einen derartigen Knall, daß man glauben konnte, die Balken der Decke seien geborsten. ‚Bravo', rief der Ehemann, ‚das hast du gut gemacht, aber geh sparsam damit um, du kannst als Kanonier spielend dein Brot damit verdienen.'
Als der Wirt der ‚Drei Karpfen' in der Stadt Tours, der Ehemann dieser tüchtigen Frau, seine Erzählung beendet hatte, wollten die drei Schnapphähne, die bei ihm eingekehrt waren und schon eine tüchtige Zeche gemacht hatten, seine schöne Gattin sehen und ihr das kostbare Instrument küssen, über das sie verfügte. Geschmeichelt durch den Beifall und das Gelächter, das seine Erzählung hervorgerufen hatte, stieg der Wirt mit den drei Spitzbuben in seine Wohnung hinauf, wobei er ihnen voran leuchtete. Diese Gelegenheit benutzten die Zechpreller und verschwanden im Dunkel der Nacht leise wie Schatten und überließen es dem Wirt, sich mit der klingenden Münze seiner Frau bezahlt zu machen."

2. DER FURZENDE BRÄUTIGAM

Dem Prag der k.u.k.-Zeit entstammt die folgende Geschichte vom Furz eines Bräutigams namens Jenom. Dieses Histörchen vom „Scheißer Jenom", der mit einem Furz zur rechten Zeit freit, entnehmen wir dem Tagebuch eines Offiziers namens Eduard von Finkenstein, der den von Jenom gelassenen Brautwerber-Furz als einen vielbelachten in den damaligen Offizierskasinos rühmt:
„Gegenüber den Karmelitern in Prag hat ein gewisser Herr Jenom vor Jahren ein Geschäft mit Kaninchen und andern Vögeln gehabt. Der hat sich eine Bekanntschaft mit der Tochter vom Buchbinder Bilek gemacht. Der Herr Bilek hat diese Bekanntschaft nicht leiden wolln und hat

auch öffentlich im Wirtshaus erklärt, daß, wenn der Herr Jenom um die Hand seiner Tochter anhalten möcht, daß er ihn die Stiegen hinunterwirft, daß es die Welt nicht gesehn hat. Drauf hat der Herr Jenom ausgetrunken un is doch zum Herrn Bilek gegangen, was ihn im Vorzimmer mit einem großen Messer empfangen hat, womit sie den Buchrand beschnitten ham, was ausgesehn hat wie ein Mordwerkzeug. Er hat ihn angebrüllt, was er hier will, und in diesem Augenblick hat Ihnen der Herr Jenom so stark gefurzt, daß die Pendeluhr an der Wand stehn geblieben is. Der Herr Bilek hat zu lachen angefangen, hat ihm gleich die Hand gereicht und war nur lauter ‚Bitte, kommen Sie weiter, Herr Jenom – bitte, setzen Sie sich – am Ende ham Sie sich nicht bemacht – ich bin ja nicht so ein böser Mensch, es is wahr, daß ich Sie hab herauswerfen wolln, aber jetzt seh ich, daß Sie ein ganz angenehmer Herr sind, Sie sind ein Original. Ich bin Buchbinder und hab viele Romane und Geschichten gelesen, aber in keinem Buch hab ich gelesen, daß sich ein Bräutigam so vorstelln möcht.' Er hat dabei gelacht, daß er sichn Bauch gehalten hat, und hat Ihnen voller Freude gesagt, daß es ihm vorkommt, wie wenn sie sich seit ihrer Geburt kennen möchten, wie wenn sie Brüder wären, er hat ihm gleich eine Zigarre gebracht, hat um Bier und Würstl geschickt, hat die Tochter gerufen und hat ihr ihn mit allen Einzelheiten von diesem Furz vorgestellt."

DAS BETT- UND WETTFURZEN

Nun zu dem Klassiker „Das Narrenspital- sowie Jucundi Jucundissimi wunderliche Lebensbeschreibung" von Johann Beer, dem österreichischen Dichter, der oft mit Grimmelshausen verglichen wird. Im Kapitel 4 verliert der „Herr Lorenz hinter den Wiesen" seine Haushälterin, und der Anlaß ist ein „Furz mit Gefolge" bei einem vergnüglichen Wett- und Bettfurzen mit seinem Diener:

„Einesmals wetteten wir nach unserer Gewohnheit miteinander, wer unter uns beiden die Nacht mehr Luftstreicher aus dem hintern Feuermörser werfen könnte. Auf daß er nun hierinnen nicht zuschanden würde, fraß mein Herr abends eine große Schüssel voll saure Milch oder, wie man es sonst auf österreichisch heißet, einen guten Weidling voller Selpeherd. Denn er sagte, daß es auf solche Milch trefflich gut Plasii (Wortspiel mit ‚blasen') werde abgeben, und weil ich mir ohne das nicht getraute, hierinnen sein Meister zu werden, gab ich die Sache schon verloren, ehe wir noch zu streiten angefangen. Weil es aber zwei Groschen galt und ich ein ziemlich armer Teufel war, ersann ich einen Vorteil und nahm eine Schweinsblase mit mir ins Bette, davon ich dem Edelmanne nicht die geringste Meldung getan. So war mir am ersten geholfen, denn, so oft er einen ließ, so oft ließ ich zweie, ja auch wohl gar drei, vier und fünfe, darüber er sich sowohl als ich halb krank gelachet. ‚Jung', sagte er zu mir, ‚es ist noch um ein paar Monat zu tun, so kannstu es besser als ich selbst, und ich schwöre hoch und teuer, daß mir

Am Befehlston, knapp und kurz,
Erkennt man den Kasernenfurz.
(Soldatenreim)

die Zeit meines Lebens kein solcher Possen widerfahren, als der mir heute mit dir begegnet.' Auf solches Gespräch nötigte er sich nach allen Kräften und Vermögen, bis endlich die ganze Schul in das Bett und auf mein Hemde gelaufen kam, darüber wir beide aus dem Bette sprangen.

Wir hatten eine alte Haushälterin, die mußte uns das Bett machen, und als sie den unverhofften Schatz in demselben angetroffen, fängt sie nach der alten Weiber Art und Gebrauch erschrecklich an zu schmälen. ‚Was für ein Hundsfutt', sagte sie, ‚hat das getan? Seht doch um hundert Kletzen (getrocknete Birnen) willen, was dieses für eine schöne Hofweis ist. Pfui Sapperment, das hat der saubere Junker Lorenz getan, ich wollt, daß ihn der Teufel samt seinem Bettscheißen hätte! Oh, es wär kein Wunder, wenn seine Frau Mutter aus dem Grabe aufstünde und ihm seinen verschissenen Hintern mit Ruten wacker abstriche. Der Grobian tut es schon öfter, ich muß auf und davonziehen, der Teufel möchte einem solchen Bettscheißer länger auf dem Schlosse dienen. O ja, ich hab vierzig Gulden Besoldung und muß um so ein schlechtes Lidlohn (Gesindelohn) einen so argen Gestank einfressen, daß ich einen Ziegelstein erbarmen möchte.

Pfui Teufel, ich bin eine alte Frau, aber ich wollte den Pfifferling, ohne Ruhm zu melden, länger im Arsche halten als der junge Gelbschnabel. Oh, daß euch ja der Teufel holte! Ist das nicht immer Spott und Schand, Herr Lorzenz, Ihr wollt ein so stattlicher Cappalier (Cavalier) sein, und schämt Euch nicht, eine solche Fretterei (Schererei) anzurichten? Pfui, schämet Euch! Pfui, schämet Euch!'

‚Du alte Runkunkel', sagte Lorenz, ‚geh, oder ich werfe dir einen Kegel in den Nacken hinein und schmiere dir das Tuch noch dazu um das Maul herum. Warum verstopfest du mir den Hintern nicht mit einer Hand voll Haberstroh, du alte Strohfidel? Dir zu Ehren will ich meiner Natur kein Halseisen anlegen. Willstu es nicht leiden, so schere dich zum Tor hinaus, du Pantoffelholz!' Hiermit ergriff er ein Stück Roßdreck und warf auf sie, und weil sie aufs neue zu schmälen angefangen, stand ich Herrn Lorenzen in seiner Arbeit bei, bis wir die alte Anna samit ihrem bestuhlgängten Bettuche so gut wieder über den Hof hinübergejaget, als sie hergekommen."

SPORTLICHE AUSSCHEIDUNG

Giovan Francesco Straparola von Caravaggio, Dichter des 16. Jahrhunderts, beschreibt in seinem Werk „Die ergötzlichen Nächte des Giovan Francesco Strapavola" das Furzen unter sportlichen Gesichtspunkten (Übersetzung von Hannes Floeke):
„In einem berühmten Kloster von Florenz war die Äbtissin gestorben, und eine neue sollte gewählt werden. Drei Bewerberinnen, die für das hohe Amt in Frage kamen, vereinigten gleich viele Stimmen auf sich.
Da nun die Nonnen des Klosters unter sich nicht einig werden konnten, welcher der Vorzug gebühre, und der Vikar als Vertreter des Bischofs selbst keinen Ausweg wußte, weil jede der drei Schwestern wegen ihrer Vorzüge die begehrte Würde verdiente, forderte er die drei Bewerberinnen auf, nach Ablauf von drei Tagen in seiner und sämtlicher Schwestern Gegenwart eine außergewöhnliche Tat zu vollbringen.
Diejenige von ihnen, die dabei den Vogel abschösse, solle dann von sämtlichen Nonnen einträchtig zur Äbtissin gewählt werden. Mit dem Vorschlag des Vikars war man allseitig einverstanden. Am festgesetzten Tage versammelten sich die Nonnen mit dem Vikar im Kapitelsaal. Wörtliches Zitat: „Nachdem alles seine Plätze eingenommen hatte, begab sich Schwester Veneranda, welche älter war als die anderen, in die Mitte des Saales, zog eine große Nadel hervor, die in ihrer Kutte stak, hob ihre Gewänder vorne hoch und pißte in Gegenwart des Vikars und der Nonnen so haarscharf durch das Öhr der Nadel, daß kein Tröpflein auf den Boden fiel, das nicht zuvor durch das Öhr gegangen war.
Als der Herr Vikar und die Nonnen dies sahen, glaubten sie alle, Schwester Veneranda müsse Äbtissin werden; denn man könne diese Leistung nicht übertreffen. Hierauf erhob sich Schwester Midestia, die nächstälteste, begab sich in die Mitte des Saales, nahm einen Würfel, wie er zum Spielen gebraucht wird, legte ihn auf eine Bank, nahm dann fünf Hirsekörner und legte auf jeden der fünf Punkte des Würfels ein Korn.
Dann hob sie sich hinten die Röcke hoch, näherte sich mit dem Hintern der Bank, auf welcher der Würfel lag und ließ einen so gewaltigen und erschrecklichen Furz fahren, daß der Vikar und fast alle Nonnen zusammenfuhren. Trotzdem dieser Furz jedoch mit mächtigem Blasen aus dem Loch herausfuhr, war er dennoch mit solcher Kunst und Meisterschaft gezielt, daß das in der Mitte liegende Körnlein an seinem Platz blieb, während die anderen vier verschwanden und nicht mehr gesehen wurden.
Dieses Probestück schien dem Vikar und den Nonnen nicht geringer als das erste, aber sie äußerten sich nicht darüber und warteten auf das Kunststück Schwester Pacificas. Diese trat in die Mitte des Saales und führte eine Leistung vor, die nicht die eines alten, sondern eines Weibes von männlicher Kraft war. Sie zog nämlich einen harten Pfirsichkern aus dem Busen hervor, warf ihn in die Höhe, hob blitzschnell ihre Kleider auf, fing ihn mit den Hinterbacken auf und preßte

ihn derart zusammen, daß sie ihn zerbrach und in feinen Staub verwandelte. Der Vikar, der ein kluger und gewitzter Mann war, begann mit den Nonnen die hervorragenden Leistungen der drei Schwestern in Erwägung zu ziehen, als er jedoch sah, daß es nicht möglich war, zum Ziele zu gelangen, erbat er sich Bedenkzeit für die endgültige Entscheidung. Und da er in seinen Büchern die Lösung dieser schwierigen Streitfrage nicht zu finden vermochte, ließ er sie unentschieden und so schwebt die Entscheidung noch bis heute."

EIN FURZ WIE GLOCKENKLANG

In der italienischen Renaissance, wo alle Künste in höchster Blüte standen, verstand man sich auch (wenn wir Benvenuto Cellini, dem italienischen Goldschmied und Bildhauer des 16. Jahrhunderts glauben wollen), in ganz hervorragender Weise auf die Kunst des Furzens. In seinen Erinnerungen („Das Leben des Benvenuto Cellini", Deutsch von Heinrich Conrad) berichtet er über ein Zusammentreffen mit Bernardo, einem unfähigen Künstler, mit dem er in ständiger Feindschaft lebte.

„Als ich eines Morgens in San Piero Scheraggio die Messe gehört hatte, trat der dicke Bernardo mir entgegen, der Juwelenmakler, Goldschmiedepfuschmeister und durch die Gnade des Herzog Vorsteher der Münze war. Kaum war er vor der Kirchentür, so ließ das schmutzige Schwein vier Fürze fahren, die man bis nach San Miniato gehört haben muß. Da sagte ich zu ihm: ‚O, du Schwein, du feiger Esel, ist das der Klang deiner schmutzigen Kunst?' und lief nach einem Stock. Da Bernardo inzwischen geflüchtet war und Cellini seiner nicht gleich habhaft werden konnte, legte sich sein Zorn. In der Erwägung, daß ihm auch aus einer Prügelei allerhand Verdrießlichkeiten entstehen könnten, beschloß er, sich auf eine andere Weise wegen der unerhörten Beleidigung zu rächen.

Er machte ‚vier Verse auf den Furzer und schlug sie im Winkel der Kirche an, wo man seine große und kleine Notdurft verrichtet', so daß alle Welt sie sehen und lesen konnte. Dieses Pasquill gab den Bernardo dem Gelächter von ganz Florenz preis.

Cellini fühlte sich dadurch für die kapitalen Fürze, ‚die man bis nach San Miniato gehört haben muß', genügend gerächt. Nun ist San Miniato in der Luftlinie mindestens drei Kilometer von der Kirche San Piero Scheraggio, die im Zentrum von Florenz gelegen war, entfernt. Der Leser kann sich deshalb einen Begriff von der Klangstärke der Fürze machen, zu denen die Menschen des Cinquecento befähigt waren."

DER FURZ ALS VERHÄNGNIS

1. BEISPIEL: ABU HASAN, SCHEIK

Scheherezade erzählt in der 450. Nacht der „Märchen aus 1001 Nacht" über einen erschütternden Furz, der Abu Hasan aus dem Stamme Fasli zum Verhängnis wurde und ihn sein ganzes Lebensglück kostete.
„Abu Hasan war schon in jungen Jahren Witwer geworden und entschloß sich eines Tages auf Drängen seiner Freunde, wieder zu heiraten. Er wählte ein Mädchen so schön ‚wie der Canopus, wenn er über den Meeren Al' Hinds hängt'. Ein üppiges Hochzeitsfest wurde gefeiert. ‚Es gab Reis in fünf verschiedenen Farben und ebenso viele Scherbetts; mit Walnüssen und Mandeln und Pistazien gefüllte Nieren und ein Kamelfüllen, das ungeteilt geröstet war.' Man tafelte in aller Heiterkeit, und die Braut wurde auf einem Throne zur Schau gestellt.
Langsam und würdig stand der Bräutigam von seinem Divan auf und näherte sich dem Throne, um seine Braut zu begrüßen. ‚Aber er war der Speise und des Trankes allzu voll und siehe und siehe, als er aufstand, ließ er einen großen und furchtbaren Wind streichen. Und ein jeder der Gäste wandte sich zu seinem Nachbarn und redete laut und tat, als hätte er nichts gehört.'
In des Bräutigams Herzen aber entbrannte ein verzehrendes Feuer der Scham, ‚er eilte hinab in den Hof des Hauses, sattelte seine Stute und ritt bitterlich weinend durch den Schatten der Nacht davon'. Nach längerem Umherirren fand er ein Schiff, das bereit lag, nach Indien unter Segel zu gehen. Mit ihm gelangte er nach Kalkutta, wo er beim Könige Dienst nahm, der ihn zum Hauptmann seiner Leibwache beförderte. Am Hofe dieses Königs lebte er zehn Jahre lang, von Heimweh verzehrt.
Eines Tages aber machte er sich ohne Urlaub auf, in seine Heimat zurückzukehren. In die Lumpen eines Mönches verkleidet, wanderte er zu Fuß wochen- und monatelang unter tausendfachen Mühsalen und Gefahren, die brennende Sehnsuch im Herzen, seine alte Heimat wiederzusehen. Als er sich ihr näherte, beschlich ihn die Sorge, daß man ihn erkennen könnte, und er begann das Volk auszuhorchen.
So begab es sich, daß er eines Tages an der Tür einer Hütte, vor der er sich ausruhte, die Stimme eines Mädchens sagen hörte: ‚O Mutter, sag mir den Tag, an dem ich geboren wurde.' Und die Mutter erwiderte: ‚Du wurdest geboren, o meine Tochter, in eben der Nacht, als Abu Hasan seinen Wind streichen ließ.'
Entsetzt über diese Worte und vor Scham vergehend, floh Abu Hasan von dannen und hörte nicht eher auf zu wandern, als bis er nach Indien zurückgelangte. Auf seinem Wege sprach er unablässig die Worte vor sich hin: ‚Wahrlich, dein Wind ist zu einem Datum geworden und es wird dauern bis in alle Ewigkeit.' In Indien lebte er in freiwilliger Verbannung bis er starb. Seine Heimat hat er nicht wiedergesehen. Allahs Gnade sei mit ihm!"

2. BEISPIEL: EDWARD DE VERE, EARL OF OXFORD

Hermann Mostar erzählt in seinem Buch „Weltgeschichte – höchst privat" von einem Menschen, dem der Ruch eines Furzers zeitlebens anhing:
„Elisabeth nämlich hatte sich ein ziemliches bißchen verschossen in Herrn Edward de Vere, Earl of Oxford, den stolzesten und elegantesten Lord an ihrem Hofe. Er hatte also eine große Zukunft vor sich – und doch hatte er sie im Bruchteil eines Augenblicks plötzlich hinter sich; buchstäblich hinter sich!
Das Hofzeremoniell, noch streng gotisch, gebot nämlich beim öffentlichen Empfang durch die Königin einen tiefen Bückling – je tiefer, desto besser; und der Meister der Bücklinge war natürlich der Earl of Oxford. Nun, und dabei bückte er sich einmal etwas zu tief – nicht, daß er dabei ausgeglitten wäre, das wäre noch hingegangen, aber ihm glitt etwas aus, was, wie der Chronist es ausdrückt, ‚an sich lustiger Art war', aber doch hörbar und insbesondere ruchbar wurde . . .
Da vermochte der edle Lord das herablassend belustigte Lächeln der geliebten Königin so wenig zu ertragen wie den Hohn seiner vielen Neider, er entfleuchte dem Hof und ging nach Florenz in freiwillige Verbannung; also mitten in die Renaissance!
Zehn Jahre blieb er dort; dann kehrte er zurück im Vollgefühl, so viel neue Anmut und Sitte mitgebracht zu haben, daß er den Fauxpas von damals damit gutmachen würde, mehr als gutmachen. Vor allem brachte er als erster die neumodischen Parfums nach England, den ganzen raffinierten Duft der Renaissance, und für die Königin sogar ein Paar parfümierter Handschuhe, die in Italien größte Mode waren. Vier Rosentuffs zierten diese Handschuhe, und Elisabeth ließ sich sogar mit ihnen porträtieren. Das ist historisch.
Historisch ist es aber leider auch, daß der Hofwitz trotzdem oder gerade deswegen behauptete, der Lord habe mit diesem neuen und fremden Wohlgeruch nur den alten und sehr persönlichen Geruch von damals überduften wollen, und daß die jungfräuliche Königin herzlich über diesen mäßigen Witz lachte. Da war der Earl of Oxford abermals gekränkt und abermals unmöglich geworden, und er ging wiederum in die freiwillige Verbannung, wenn auch nur auf sein Gut.
Elisabeth indessen holte ihn nie zurück."

DIE RIESEN-FÜRZE DES RABELAIS

In keinem Werk der Weltliteratur findet der Furz soviel Raum wie in „Des François Rabelais weiland Arznei-Doktors und Pfarrers zu Mendon Gargantua und Pantagruel".

Es ist die Schöpfung eines originellen, gelehrten und ungemein geistreichen Kopfes, der die Mißstände seiner Zeit durch zynische und groteske Ausgelassenheit „in der Luft zerriß": Gefurzt wird fast auf jeder Seite des 5bändigen Wälzers. Da kann man beispielsweise lesen, wie aus den Fürzen des Riesen Gargantua kleine Männlein, und aus seinen Fisten kleine Weiblein geboren wurden:

"...von dem Furz, den Pantagruel ließ, erbebt' die Erd auf neun Meilen weit in die Rund, und heckt' aus der faulen Luft desselben über dreiundfunfzigtausend kleiner unförmlicher Zwergmännlein: desgleichen auch mit einem Fist, den er streichen ließ, eine ebenso große Schar kleiner hozliger Weiblein, wie ihr an mehreren Orten seht, denn sie wachsen nimmer, außer nach unten, wie die Kühschwänz, oder auch in die Rund wie die Limousiner Rüben.

‚Wetter!' rief Panurg, ‚sind eure Fürz so fruchtbar? Nun seh mir eins dies Krebsenvolk von schmucken Mannsen! Die artigen Weibsfist! Man muß sie zusammen copulieren, so gibts Kühfliegen.'

Also tät Pantagruel und hieß sie Pygmäen, und setzet' sie auf eine Insel unweit davon, wo sie seitdem sich stark vermehret; nur überziehen die Kraniche sie in einemfort mit Krieg; allein sie wehren sich tapferlich, denn diese Endekens von Männlein (in Schottland Striegel-Stiel geheißen) sind gar cholerischen Temperaments, wovon die physisch Ursach ist, daß ihnen das Herz nicht weit vom Mist liegt."

An späterer Stelle kann man vom Volk eines Insel-Königreichs hören, bei dem es besonders „windig" zugeht:

„Sie kacken nicht, sie brunzen nicht, sie spucken nicht aus auf diesem Eiland. Dafür fisten, furzen rülpsen sie überschwenglich. Alle Krankheitssorten und Arten erleiden sie; doch ihre Erbseuche ist Windkolik, wogegen sie gewaltige Schröpfungen brauchen, durch die viel Wind von ihnen geht. Sie sterben alle an der Trommelsucht, und zwar die Männer furzend, die Weiber fistend, und ihre Seele entfährt durchs Arschloch.

Als wir weiterspazierten, sah ich, daß, wie ihr Zecher über Land eure Reisefläschlein, Buddel und Karaffen bei euch führt, jeder von ihnen an seinem Gurt ein kleines niedliches Pfeiflein trug. Wenn ihnen einmal zufällig der Wind ausging, brauten sie sich hurtig mit diesen artigen Pfeiflein frischen, denn ihr wißt, daß Wind, nach seinem wahren Urbegriff, nichts weiter als flutendströmende Luft ist.

Im selben Augenblick ward uns von Königs wegen angezeigt, daß wir binnen dreier Stunden weder Mann noch Weib des Landes in unsre Schiff einnehmen sollten, weil man ihm eben einen Darm voll guten Windes gestohlen hätte, den einst der Windgott Äolus in der Meeresstille Ulyssen mitgab, um die Schiffe zu treiben; den habe er wie einen zweiten

Den Damenfurz benennt man Fist
Weil sein Ton so i . . . i . . . ist.
(Aus: Die Klassifizierung der Fürze)

heiligen Gral andächtig verwahrt und mehrere enorme Seuchen damit geheilt, indem er den Kranken nur soviel davon heraus- und zugehn ließ, als zu einem Jungfernfürzlein nötig sei; was unsre frommen Ordensschwestern in ihrer Sprache Verlegenheitsfürzlein heißen."

Wie kleine Regen große Winde stillen können, ist das Thema eines folgenden Kapitels, in dem zwischen dem Furzen und dem Brunzen (= Pissen) ein enger Zusammenhang hergestellt wird:

„Pantagruel lobte ihre Wirtschaft und Art zu leben; darauf sprach er zu ihrem Landvogt Windig: ‚Wenn Ihr der Meinung Epikurs seid, welcher als höchstes Gut die Lust pries, muß ich Euch glücklich nennen; denn da Euer Leben aus Wind besteht, so kostet's Euch nichts, oder doch wenig. Ihr dürft nur blasen.'

‚Wohl wahr', versetzte der Landvogt, ‚nur daß leider in diesem irdischen Leben kein Glück vollkommen ist! Oft, wenn wir uns eben über Tisch an einem guten scharfen Wind Gottes, recht wie an einem himmlischen Manna, froh wie Prälaten erlustigen, flugs kommt ein kleiner winziger Regen und stiehlt ihn uns vorm Maule weg und legt ihn lahm. So kommen wir um manchen Schmaus, aus Mangel an Futter.'

‚Das ist ja', sprach Panurg, ‚wie Hänsel von Quinquenais, der seiner Gret auf den Hintern brunzte und dergestalt den müffigen Wind legte, der daraus hervorquoll. Jüngst macht' ich den Vers darauf:

Der Hans probiert den Federweißen
Und hat die Gretel schon geheißen,
Daß sie das Essen fertig hätt',
Denn heut geht's möglichst früh ins Bett.
Man ißt, man trinkt,
Man springt ins Nest,
Der Hans ist rasch noch lieb gewest,
Jetzt streckt er sich . . . Gottsakrament,
Wenn er doch bloß jetzt schlafen könnt'.
Aus Gretel, pünktlich nach der Uhr,
Ein Fürzlein um das andere fuhr.
Der Hans nicht faul,
Brunzt ihr nach hinten
Und spricht:
‚Auch bei den größten Winden
Hilft allemal ein kleiner Regen,
Damit sie sich auf einmal legen.'"

In einem späteren Kapitel geißelt Bruder Jahn, einer der Hauptdarsteller des Werks, die Freß- und Saufgelage der Mönche, die er bezeichnenderweise Brumm-Brüder tituliert:

„Da seh mir eins den groben Tisch-Bock! So helf mir Gott, den stech ich und schab ab. O wär doch Priapus hier, daß er so recht aus vollem Wanst drein farzen und den Contrafurz drein brummen könnt."

Schließlich wird beschrieben, was unter einem Platz-Fest zu verstehen ist; in Rabelais' Gargantua und Pantagruel ist dies kein Fest auf dem Marktplatz:

„Beim Hafen stand ein Wirtshaus von sehr schönem stattlichen Ansehn; da wir nun eine ganze Schar von diesen Vor-Farzern aller Alter, Ständ und Geschlechter dorthin ziehn sahen, dachten wir, es gäb da irgend ein groß Bankett oder Gastgebot; erfuhren aber, daß der Wirt sein Platz-Fest gäb, und sie dazu geladen hätt, da liefen denn Freund' und Anverwandten, Vettern und Basen, was Bein hätt, hin. Weil wir dies Rotwelsch

nun nicht verstunden und dachten, Platz-Fest wär ein Fest in diesem Land, wie wir bei uns Verlöbnis- oder Hochzeitfest, Kirchgangsfest, Schafschur-Erntefest zu feiern pflegen, wurden wie berichtet, wie der alte Wirt in seinen Tagen ein guter Schäker und leckerer Schmekker gewesen wär, ein Erz-Lyoner-Suppen-Maul und unermüdlicher Glockenzähler; die Bein hätt er in einemfort unterm Tisch g'habt, wie der Wirt zu Rouillac; und da er seit zehn Jahren nun Fett ausgeschwitzt und ausgefarzt hätt im Überfluß, wär er anjetzt zu seiner Platz-Neig kommen, und müßt sein Leben nach der Landessitt platzend schließen, weil sein nun schon so lange Jahr her zerschlitztes Fell seine Kaldaunen nicht mehr halten noch fassen könnt, daß sie ihm nicht durchführen, wie wenn einem Faß der Boden ausgeschlagen wär.
‚Ei aber', frug Panurg, ‚ihr Leut' könnt ihr ihm denn nicht fein dicht den Bauch mit guten starken Gurten oder mit derben Spierlings-Reifen, ja wenns sein müßt, mit Eisen verspünden? So versohlt, blieb das Geschling doch eher bei ihm, und könnt so leicht nicht platzen?'
Noch war dies Wort nicht ganz ausgesprochen, als wir einen laut schmetternden Schall in der Luft vernahmen, gleich als wenn ein starker Eichbaum mitten von einander spräng. Da sagten uns die Nachbarn, hiemit wär das Platz-Fest nun zu End, und dieser Kracher sein Todesfurz."

NICHT ERSTUNKEN, NICHT ERLOGEN: DER FURZOLOGE ERZÄHLT.

In der Geschichte des Furzens gibt es eine Vielzahl von Geschichtchen, anekdotischen Anrüchigkeiten, die – teils nur mündlich – von Generation zu Generation überliefert werden, wobei es mit dem Wahrheitsgehalt so sein mag wie bei den Gerüchten: aus einem kleinen Furz wird ein großer, und er wird immer erzählenswerter.
Beginnen wir die Vorstellung der schönsten Furz-Histörchen im Kölner Hänneschen-Theater, einer Puppen-Bühne. Vor Beginn der eigentlichen Vorstellung tritt das Hänneschen vor den Vorhang und ruft ins Publikum: „Sitt ehr all do?" Auf das freudig zustimmende allseitige „Jo!" hält sich das Hänneschen die Nase zu und sagt: „Dat ka 'mer ruche!"
Ziehen wir nun den Vorhang auf. Wir haben die Bühne eines ländlichen Theaters vor uns.
Ein Unhold wird von einem Ritter getötet. Bei den Worten ‚Ha! Stirb, Schurke!' empfängt dieser von seinem Gegner den Todesstreich. Da läßt der Erschlagene im Hinfallen einen knallenden Furz streichen. Der sieghafte Ritter improvisiert, um die Situation zu retten, schlagfertig die denkwürdigen Worte: „Was, Elender, du röchelst noch?" und schlägt dem Scheintoten noch einen Hieb über die Helmhaube, womit dieser nun endgültig still ist.
Nach den Münchener Neuen Nachrichten vom 22. Juni 1930 ereignet sich in einer Theaterscheune im oberen Inntal bei

der Aufführung eines Ritterstückes ein ähnlicher Vorfall, nur mit dem Unterschied, daß im passenden Augenblick der Furz nicht auf der Bühne, sondern im Zuschauerraum das Licht der Welt erblickt. „Der Unhold liegt in seinem Blute. Großes Entsetzen über solch gottloses Ende. Bühne und Saal beben, als der Chor in die tragischen Worte ausbricht: ‚Eben hat das Scheusal seine gottlose Seele ausgehaucht!' Da geschieht es: ein Knall! Scharf und laut, halb Fagott, halb Pistolenschuß. Nicht auf der Bühne, sondern im Zuschauerraum. Ein von dramatischer Spannung geladener Zuschauer hat in der Erregung vergessen, den Muskel anzuspannen, durch den derartige akustische Störungen verhindert werden... Die Wirkung ist unbeschreiblich. Den vierhundert Personen auf der Bühne und im Saal stockt für einige Augenblicke der Atem. Und dann bricht ein Gelächter los, daß der alte Komödienstadel in seinen Grundfesten erzittert."

Moral: Akustische Geräusche sind ein dramaturgisches Element, nur dürfen sie nicht an verkehrter Stelle mit untauglichen Instrumenten einsetzen.

Bleiben wir bei der Akustik, und wechseln wir aus dem Theatersaal nun in den Konzertsaal. Das Geigenkonzert war wundervoll. Nach dem Ende fragt eine Dame den Dirigenten:

„Herr Kapellmeister, woraus bestehen denn eigentlich die Violinseiten?" – „Aus Darm." – „Das ist aber seltsam", meint die Dame, „ich habe nie gewußt, daß man mit dem Darm so wundervolle Töne hervorbringen kann."

Bleiben wir mit dem Furzen im Konzertsaal. Dem berühmten Dirigenten Max Reger wird ein besonders herzliches Verhältnis zu den Tönen, die man mit dem Arsch als Instrument hervorbringt, nachgesagt. Jedenfalls sind von ihm drei „musikalische" Anekdoten überliefert:

Max Reger dirigiert in Anwesenheit der Erbprinzessin von Meiningen eine Böcklin-Suite. Das Fagott hat mehrere possierliche Solostellen. Die Erbprinzessin erkundigt sich nach der Probe: „Bringen die Musiker die Töne mit dem Munde hervor?" – „Das will ich stark hoffen . . .", entgegnete Reger.

Nach einem Konzert in Heidelberg ist eine Anzahl Verehrer und Verehrerinnen um Max Reger im Hotel Ritter festlich versammelt. Max Reger hat sich vorsorglicherweise sechs Flaschen Sprudel unter seinen Stuhl gestellt, und jedesmal, wenn eine kleine Gesprächspause eintritt, öffnete er unauffällig den Verschluß einer Flasche. Das herzhafte „Pfutz", das dieser „Ouvertüre" folgt, erregt jeweils großes Gelächter, während er selbst wie ein Knabe vor Freude geradezu brüllt.

Max Reger verehrt eine Dame, wird von ihr aber nicht erhört. Er rächt sich auf folgende Weise: In einer Gesellschaft, wo auch erwähnte Dame anwesend ist, wird musiziert. Eben soll eine Gesangspiece vorgetragen werden, die von der Angebeteten am Klavier begleitet werden soll, aber nirgendwo kann man die Noten finden. Nachdem man lange gesucht hat, steht Reger endlich auf, geht auf die Dame, die schon am Klavier sitzt, zu, macht sie aufmerksam, daß sie auf den Noten sitze und sagt: „Fräulein, ich glaube, diese Noten sind für eine Singstimme, nicht aber für ein Blasinstrument geschrieben."

Wenden wir uns nun ab vom theatralischen und musikalischen Furzen, einem nicht minder bühnenreifen, jedenfalls sehr berühmten Furz zu:

Im Jahr 1802 atmet einer der feinsten Hofleute, einer der einflußreichsten Förderer der englischen Wissenschaft, Baronet Hippesley, in einem öffentlichen Vortrag in der „Königlichen Gesellschaft der Wissenschaften" zu London Lachgas ein. Man hatte die Wirkung dieses Gases für den Kopf – zur Belebung des Geistes – gepriesen.

Aber das Gas stürzt sich, statt Begeisterung in den Kopf zu tragen, mit weit sprudelnderer Wirkung auf die Nerven des Unterleibes und läuft in voller Furie auf die Schließmuskeln Sturm.

Noch hat der wißbegierige Höfling die Einatmung nicht beendet, da platzt der Hosenboden: „Und die Dämpf' im tummelnden Schwarm, wo sich der Ausgang öffnet, stürzen hervor und durchwehen die Hosen mit Wirbeln."

Die Explosion ist fürchterlich und wird in den Analen der Chemie wahrscheinlich einzigartig bleiben.

Bleiben wir bei den Höflingen. Die folgende Furz-Geschichte spielt am Hof von Versailles zur Zeit Ludwig XIV. Ein herzoglicher Lustgreis liegt im Sterben. Die adeligen Damen seines Herzens stehen echauffiert um sein Bett herum.

In die trübe Stimmung hinein tönt plötzlich ein lautes, nicht mißzuverstehenden Geräusch, das man in guter Gesellschaft von sich zu geben meidet. Der Urheber des Tones ist der spezielle Liebling des Herzogs. Als der Sterbende den Laut vernimmt, stöhnt er schmerzlich: „Anastase, Anastase, je me meure, je me meure et tu parle d'amour." („Anastase, Anastase, ich sterbe, ich sterbe, und du sprichst von Liebe!")

Bleiben wir bei Hofe. Kaiserin Katharina von Rußland läßt bei der Hoftafel einen Wind ziemlich laut fahren. Alles wird verlegen. Ein junger Leutenant von der Marine wird rot, sieht aber die Chance sich bei der Regentin beliebt zu machen, springt auf und stürzt aus dem Saal. Am anderen Tag beruft ihn die Kaiserin und ernennt ihm zum Kapitän mit den Worten: Ein Leutenant, der einen ungünstigen Wind so zu benutzen versteht, verdient es Kapitän zu sein!

Weiter in der furz-anekdotischen Rundreise. Folgen wir Li-Hung-Tschang, dem chinesischen Vizekönig, auf seiner Europareise. Er ist 1876 zu Besuch in Paris. Ihm zu Ehren findet eine große Parade auf dem Marsfeld statt. Der alte Herr des Ostens sitzt neben dem Präsidenten der Republik und seiner hohen Gemahlin. Da passiert dem illustren Gaste etwas, wovon alle Pariser Zeitungen berichten. Ein Boulevardblatt nennt es „die innere Stimme des großen Chinesen", man könnte auch sagen, die Stimme Asiens oder die gelbe Gefahr.

Zum Schluß der weder erstunkenen, noch erlogenen furzologischen Anekdoten eine Geschichte die gleichfalls den Blätterwald rauschen läßt. Die Weltpresse beschäftigt sich mit dem „fahrlässigen Kupferschmied von Oelde".

Dieser Kupferschmied befindet sich eines

Nachts auf dem Heimweg von einem Biergelage. Unterwegs benimmt er sich so, als wenn er allein auf weiter Flur sei. Das hört ein Hüter des Gesetzes, der in der Nähe patrouilliert. Als der Beamte diese ‚Respektlosigkeit' rügt, geht der freche Kupferschmied nicht reumütig in sich, sondern noch mehr aus sich heraus, und zwar unter verstärktem Tonfall.
Am nächsten Morgen schickt ihm die Ortspolizeibehörde folgende Strafverfügung ins Haus: „Sie haben dadurch groben Unfug verübt, daß Sie in der Nacht vom 29. zum 30. März d.J. auf öffentlicher Straße Passanten in absichtlicher Weise durch Blähungen belästigt haben. Sie werden deshalb in eine Polizeistrafe von 5 Mk. genommen." Die Oelder Lokalzeitung „Glocke" ist so boshaft, den Wortlaut der Strafverfügung zu veröffentlichen, und sie fügt die Bemerkung hinzu, der Kupferschmied entschuldige sich mit – Fahrlässigkeit. Im Laufe weniger Wochen erhält der zur Tagesberühmtheit gewordene „fahrlässige Kupferschmied" aus ganz Deutschland Hunderte von Postkarten, meist von Stammtischgesellschaften, die den anrüchigen Stoff in Poesie und Prosa behandeln. Aus den deutschen Zeitungen ergeht die Nachricht in die Presse aller Länder und Erdteile über. Und alle Welt lacht.
Was der Oelder Kupferschmied verübt hatte, war ja für niemand in der Welt etwas Neues, aber unter Polizeistrafe war es seit Erschaffung des ersten Menschen noch nicht gefallen. Der „New York Herald", der die „Bomben-Nachricht" durch Kabeltelegramm erhält, widmet dem Schicksal des Oelder Kupferschmiedes einen Leitartikel mit der Überschrift: „What happened in Germany." Dies alles und die Lästerzungen seiner Mitbürger wirken auf das Gemüt des „Fahrlässigen", der Berufung gegen die Strafverfügung eingelegt hat, derartig ein, daß er am Tage vor der allenthalben mit Spannung erwarteten Gerichtsverhandlung Oelde fluchtartig verläßt und nicht mehr gesehen wird.
Die Geschichte des „fahrlässigen Kupferschmieds" bleibt uns indes auf originelle Weise erhalten. Denn dieser Furz wird „Zahlungsmittel". Die Stadt Oelde brachte nämlich Geldscheine in Verkehr, auf denen dieser lokalgeschichtliche Vorgang aus dem Jahre 1908 verewigt worden ist. Auf der Vorderseite der im Sechsfarbendruck hergestellten Oelder Stadtgeldscheine sieht man den furzenden Kupferschmied, verfolgt von den schnüffelnden Hütern des Oelder Gesetzes.

DAS HINTERFURZIGE BRAUTHEMD

In Österreich erzählt man sich folgende „bibelfeste" Anekdote: Zur Hochzeit einer Pastortochter verabreden sich ihre früheren Anbeter, ihr ein Hochzeitsgeschenk zu verehren, und die Mehrzahl entscheidet sich für ein sinnreich besticktes Brauthemd, auf dem gewisse Bibelsprüche eingestickt werden sollen:

1. Auf der Brust:
„Groß und erhaben sind Deine Werke, o Herr!
Wer sie begreift, der findet Lust und Wonne daran."
(Makkabäer, Kap. 41, Vers 13)

2. Auf dem Bauche:
„Und er stieg auf den Berg Sinai und sah hinab
in das Tal Josaphat und fand der Wonne kein Ende."
(5. Moses, Kap. 19, Vers 41)

3. Auf dem Schlitze:
„Und Jesus sprach:
Leget Eier in das Nest und sie werden haben Junge."
(Jesus Sirach, Kap. 44, Vers 9)

4. Auf der Rückseite:
„Und Josua sprach: Man hört mächtige Winde brausen,
man weiß zwar, woher sie kommen; doch nicht wohin sie gehen."
(Buch Josua, Kap. 33, Vers 11)

Dichter und Stänker

Der Furz in Lyrik und Prosa

Ein Furz
Im Uhrgehäuse.
Oh Zeus!
Ein Furz
Zwischen den Zähnen der Zeit!
Wenn die Räderchen
Erst einmal den Geschmack verspüren,
Dann ist es aus . . .
„Ein Furz", H.C. Artmann

„Montagabend, den 9. Juli 1827.
...Goethe lachte. „Ja", sagte er, „Es ist so. Eine Roheit kann nur durch eine andere ausgetrieben werden, die noch gewaltiger ist. Ich erinnere mich eines Falles aus meiner früheren Zeit, wo es unter den Adeligen hin und wieder noch recht bestialische Herren gab, daß bei Tafel in einer vorzüglichen Gesellschaft und in Anwesenheit von Frauen ein reicher Edelmann sehr massive Reden führte zur Unbequemlichkeit und zum Ärgernis aller, die ihn hören mußten. Mit Worten war gegen ihn nichts auszurichten. Ein entschlossener ansehnlicher Herr, der ihm gegenüber saß, wählte daher ein anderes Mittel, indem er sehr laut eine grobe Unanständigkeit beging, worüber alle erschraken und jener Grobian mit, so daß er sich gedämpft fühlte und nicht wieder den Mund auftat. Das Gespräch nahm von diesem Augenblick an eine anmutige heitere Wendung zur Freude aller Anwesenden, und man wußte jenem entschlossenen Herrn für seine unerhörte Kühnheit vielen Dank in Erwägung der trefflichen Wirkung, die sie getan hatte."
Aus: „Gespräche mit Goethe",
Joh. Peter Eckermann

Er trieb's mit solcher Heftigkeit und Grausamkeit Schritt vor Schritt, ...daß die Natur, die ihren Liebling nicht wollte zugrunde gehen lassen, ihn mit Krankheit anfiel, um ihm von der anderen Seite Luft zu machen.
Aus: „Wilhelm Meister",
Joh. Wolfgang v. Goethe

„Und wenn ihr beim Wasserlassen furzt,
so rufen sie: Hem! Immer feste!
Nur keine Umstände gemacht!
Aus: „Heinrich IV",
William Shakespeare

Ich glaube aus eigener Erfahrung, all unsere Tollheiten rühren von daher, daß wir einen leeren Magen und ein Gehirn voller Wind haben.
Aus: „Don Quichote", Cervantes

Einen „Flatus in cerebro" will ich das nennen: Wenn einem ein Vapeur ins Gehirn steigt, so hält man es für eine göttliche Erleuchtung.
Aus: „Über die Freiheit
des menschlichen Willens",
Schopenhauer

Links auf die Flur zog nun
der Trupp hinaus,
Und jeder strecks',
eh er den Rücken drehte,
Die Zunge samt Gebiß dem
Hauptmann aus;
Der machte seinen Hintern
zur Trompete.
Aus: „Göttliche Komödie", Dante

Volcanus
Rauch an Haaren
Läßt donndrend einen fahren,
Er blihb zu sehr gesund
Der alte grobe Hund!
Aus: „Dafnis", Arno Holz

Dann rammeln wir uns müd,
  und sie läßt einen lauten Furz,
Gedunsen, wie ein giftgeschwollner
  Käfer liegt sie dann,
Knallt mir die Faust aufs Dach,
  und unterhalb des Gurts
Greift sie mir hin,
  krault mir den Hans und lacht:
„So komm doch ran!"
Wir saufen, bis wir knülle sind
  und schlafen wie die Bären.
Und wenn sie dann erwacht und ihr
  der Hintern knurrt,
Steigt sie auf mich,
  aus Angst vor einer Fehlgeburt,
Und ächzend lieg ich unter ihr und
  lasse sie gewähren,
Platt wie ein Brett quetscht sie mich,
  ohne mich zu schonen,
In dem Bordell, wo wir selbzweit
  beisammen wohnen.
*Aus: „Ballade von Villon
und der dicken Margot",
François Villon*

Vater pupt, die Kinder lachen,
So kann man auch ganz ohne Geld
Zum Feste sehr viel Freude machen.
*Aus: „Beamtenweihnacht",
Verfasser unbekannt*

Eine ältere Dame aus Darmstadt
Mit ihrem Darme stets Harm hat.
Besondre Molesten
Hat meist sie nach Festen:
Das größte Fest findet im Darm statt.
Limerick, Verfasser unbekannt

„Schultheiß, ich heiß Kunz'l Kleienfurz,
Mein Nas ist breit,
Plump, munk und kurz,
Daran die Naslöcher aufzannen (klaffen),
Breiten sich aus wie ein Futterwannen,
Womit ich sehr viel Fürz' auffang,
Die mir zublasen früh und z' Nacht,
Von Mägden, Knechten und Roßbuben,
Wenn ich bin in der Rockenstuben . . ."
Aus: „Nasentanz", Hans Sachs

Ars Ares wird der Kriegsgott genannt,
Ars heißt die Kunst
Und Arsch ist auch bekannt.
Welch ein Geheimnis
Liegt in diesen Wundertönen!
Die Sprache bleibt
Ein reiner Himmelshauch
*Aus: „Etymologie",
Johann Wolfgang von Goethe*

Wenn will ein böser Bub
Aus deinem Hause weichen.
So halt ihn ja nicht auf,
Laß ihn nur immer streichen.
Aus: „Dinge des Lebens“,
Adam Oleanius

Erst kürzlich fuhr ein Auto
Ganz leer an mir vorbei,
Und daß das übel riechen tut,
Das war mir nicht mehr neu.
Denn dieser Autoführer,
Das ist doch kein Gebahrn,
Trotzdem daß niemand drinnen saß,
Ließ er doch einen fahrn.
Aus: „Blödsinnsverse“,
Karl Valentin

Ein Gewitter ist im Anzug,
Dieses leuchtet mir nicht ein,
Ein Gewitter in der Hose,
Das könnte leichter möglich sein.
Aus: „Expressionistischer Gesang“,
Karl Valentin

Wenn einer einen Wind läßt, sagt der Witz: Dem ist die Haut zu kurz. Wenn er die Augen schließt, öffnet sich sein Arschloch.
Aus: „Als Mariner im Krieg“,
Joachim Ringelnatz

Wenn jemand bei Tisch ein Wind entfuhr und niemand das dann gewesen sein wollte, dann ging der angesehenste Matrose von Platz zu Platz und beroch jeden ganz ernsthaft hinten.
Aus: „Mein Leben bis zum Kriege“,
Joachim Ringelnatz

Nichts ist ihm, wenn er saust und braust,
Auf Erden zu vergleichen:
Allein am allerärgsten haust
Er noch in unseren Bäuchen.
Da brummt und keift und zwickt
und quält
Er uns solang' es ihm gefällt.
Und neckt dann durch sein Blasen
Sogar noch unsre Nasen.
Aus: „An den Wind“,
Aloys Blumenauer

Fühlt ihr in Gedärmen
Ein gewaltig Lärmen,
Daß ihr lange Zeit
Ohne freien Abzug seid,
Brauchet nur satt Kraut und Pflaster
Eine Pfeife Knaster!
Aus: „Lob des Tabaks“,
Daniel Wilh. Triller

Nun wird geschmaust die ganze Bande
Beim Feste furzt sie laut und lacht
Wird dann gerührt nach deutscher Weise
Eh sie sich brav ans Morden macht.
Aus: „Alkohol“,
Guillaume Apollinaire

KLASSISCH KOMMENTIERTES FURZEN

Seit der Jahrhundertwende findet sich ein neuer Ausdruck für den Furz in der Literatur: der „Bierfritz". Er ist mutmaßlich dort entstanden, wo die folgende literarisch anspruchsvolle Geschichte rund um das Furzen spielt, in den Kreisen jener ungehemmt biertrinkenden Studentengenerationen der Jahrhundertwende, von denen wir hier nun exemplarisch einige Vertreter zum Beispiel nehmen. Wir finden sie in einem Heidelberger Wirtshaus vor. Eine lustige Korona. Und einer von Ihnen kann das „Bierfritzen" nicht lassen. Je länger er am Biertisch sitzt, um so öfter passiert ihm „jenes Menschliche". Den übrigen tut er jedoch des Guten zuviel. Will er nicht für jeden „Schuß" eine Strafe in naturalibus, das heißt in Bier oder Zigarren, zahlen, muß er jeden Bierfritz mit einem klassischen oder weniger klassischen Zitat schmücken. Nun, er zieht das Klassische dem Natürlichen vor und bringt es zu einer ganz ansehnlichen Summe solcher Aussprüche, die hier folgen:

1.
Fahr' hin, ich hab' auf Dank
ja nicht gerechnet!
(Schiller, Wallenstein)

2.
Das war ein Schuß, von dem
wird man noch sprechen in den
spät'sten Tagen.
(Schiller, Tell)

3.
Der Freiheit eine Gasse.
(Schiller, Tell)

4.
Ich kann und will das Pfund nicht
mehr vergraben.
(Goethe, Lieder: Zuneigung)

5.
Ha! Schleicht nicht dort aus jener Tür
ein greulich Phänomen herfür??!!
(Busch, Schnurrdiburr)

6.
Alle Vergnügungen auf alle Weise
genießen zu wollen, ist unvernünftig;
alle ganz vermeiden, gefühllos.
*(Plutarch,
Gastmahl der 7 Weisen)*

7.
Das Verhängnis muß geschehen,
das Gefürchtete muß nahen.
(Schiller, Kassandra)

8.
Die Spannung steigt,
der Drang wird groß,
nur still, gebt acht!
Gleich drückt er los.
(Busch, Schnurrdiburr)

9.
Wie freu ich mich, wie freu ich mich,
wie trieb mich das Verlangen.
(Lustige Weiber von Windsor)

10.
Vor andern fühl ich mich so klein,
ich werde stets verlegen sein.
(Goethe, Faust)

11.
Doch horch!
Was hör' ich dort sich regen?
Es ist ein Dieb auf bösen Wegen.
(Busch, Schnurrdiburr)

12.
Gute Ware lobt sich selbst.
(Sprichwort)

13.
In allen Wipfeln spürest du
kaum einen Hauch.
(Goethe, Nachtlied)

14.
Wohl dem,
der frei von Schuld und Fehle.
(Schiller, Die Kraniche des Ibikus)

15.
Nun Alter, sei gescheit und weise
und mache leise, leise, leise.
(Busch, Schnurrdiburr)

16.
Wie wird mir,
leichte Wolken heben mich!
(Schiller, Jungfrau von Orleans)

17.
Wär's möglich? Könnt ich
nicht mehr, wie ich wollte?
(Schiller, Wallensteins Tod)

18.
Kürze ist der Rede Würze.
(Sprichwort)

19.
Hier sind die starken Wurzeln
deiner Kraft.
(Schiller, Tell)

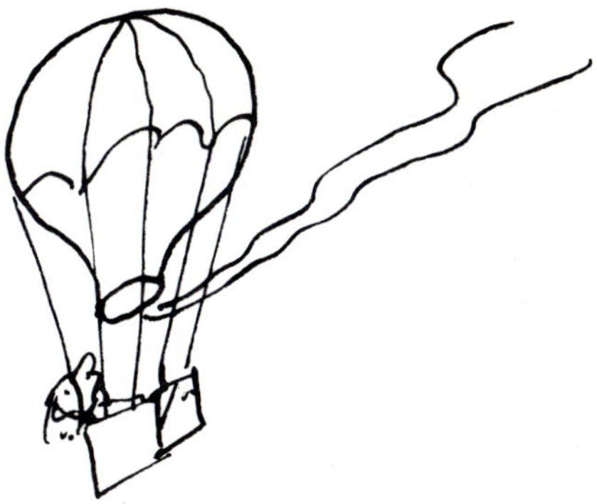

Welcher Fisch furzt um einen Ton tiefer als die anderen?
Der Barsch. Weil er ein B vor dem Arsch hat.
(Furz-Rätsel)

O ZART

Wenn auch der Furz Eingang in die Literatur gefunden hat, im Reich der Musik tut er sich schwer. Die Musikalität der Fürze erfährt durch die großen Komponisten der Welt kaum eine gebührende Würdigung, keine Note wurde je für den Arsch als Instrument geschrieben, geschweige etwa ein ganzer Bläsersatz. Einzig bei Wolfgang Amadeus Mozart finden wir ein Bekenntnis zum Furzen, wiewohl sich aus seinen Werken kein Ton davon heraushören läßt. Aber es ist die Tonart der „literarisch wertvollen" sogenannten Mozartbriefe, die uns aufhorchen läßt:

. . . also kommen Sie gewiß, sonst ist's ein Schiß, ich werde alsdann in eigener hoher Person Ihnen komplimentieren, Ihnen den Arsch petschieren, Ihre Hände küssen, mit der Hintern Büchse schießen, Sie embrassieren, Sie hint und vorn kritisieren, Ihnen, was ich Ihnen etwa alles schuldig bin, haarklein bezahlen und einen wackern Furz lassen erschallen und vielleicht auch . . . — nun Adieu mein Engel, mein Herz, ich warte auf sie mit Schmerz.
Wolfgang Amadeus Mozart
an seine Cousine,
Kaiserslautern, 23. Dez. 1778,
„Ma très chère Cousine"

Jetzt muß ich Ihnen eine traurige Geschichte erzählen, die sich jetzt den Augenblick ereignet hat. Wie ich an dem Brief schreibe, so höre ich etwas auf der Gasse. Ich höre auf zu schreiben — stehe auf, gehe zum Fenster — und — höre nichts mehr. Ich setze mich wieder, fange abermals an zu schreiben. Ich schreibe kaum 10 Worte, so höre ich wieder etwas. Ich stehe wieder auf — wie ich aufstehe, so höre ich nur noch etwas ganz schwach. Aber ich schmecke so was Angebranntes — wo ich hingehe, so stinkt es. Wenn ich zum Fenster hinaus sehe, so verliert sich der Geruch, sehe ich wieder herein, so nimmt der Geruch wieder zu. Endlich sagt meine Mama zu mir: Was wette ich, Du hast einen gehen lassen? Ich glaube nicht, Mama! Ja, ja, es ist gewiss so! Ich mache die Probe, tue den ersten Finger in den Arsch und dann zur Nase, und — Ecce Provatum est! Die Mama hatte recht. Nun leben sie recht wohl, ich küsse sie 10000mal und bin wie allzeit der alte junge Sauschwanz. . .
Wolfgang Amadé Rosenkranz.
Wolfgang Amadeus Mozart
an seine Cousine,
Mannheim, 5. Nov. 1777
„Allerliebstes Bäsle Häsle"

Nun aber habe ich die Ehre, Sie zu fragen, wie sie sich befinden und sich tragen? Ob Sie noch offens Leibs sind? Ob Sie etwa gar haben den Grind? Ob Sie mich noch ein bisschen können leiden? Ob Sie öfters schreiben mit einer Kreiden? Ob Sie noch dann und wann an mich gedenken? Ob Sie nicht bisweilen Lust haben, sich aufzuhenken? Ob Sie etwa gar bös waren auf mich armen Narren? Ob Sie nicht gutwillig wollen Fried' machen? Oder ich lass bei meiner Ehr einen krachen! Doch Sie lachen — Victoria! Unsre Arsch sollen die Friedenszeichen sein! Ich dachte wohl, daß Sie mir nicht länger widerstehen könnten. Ja ja, ich bin meiner Sache gewiss, und sollt ich heut noch machen einen Schiss, obwohl ich in 14 Tagen geh nach Paris. Wenn Sie mir also wolln antworten, aus der Stadt Augsburg dorten, so schreiben sie mir bald, damit ich den Brief erhalt, sonst, wenn ich etwa schon bin weg, bekomme ich statt einen Brief einen Dreck. Dreck! – Dreck! – O Dreck! – O süsses Wort! – Dreck! – Schmeck! – Auch schön! – Dreck! Schmeck! – Dreck! – Leck! – O Charmante! – Dreck! Leck! – Das freuet mich! – Dreck, schmeck und leck! – Schmeck Dreck. Und leck Dreck!

Wolfgang Amadeus Mozart
an seine Cousine,
Mannheim, 28. Febr. 1778,
„Mademoiselle, ma très chère Cousine"

Madame Mutter!
Ich esse gerne Butter.
Wir sind Gottlob und Dank
Gesund und garnicht krank.
Wir fahren durch die Welt,
Haben aber nit viel Geld;
Doch sind wir aufgeräumt
Und nichts an uns verschleimt.
Ich bin bei Leuten auch.
Die tragen den Dreck im Bauch,
Doch lassen sie ihn auch hinaus
Sowohl vor, als nach dem Schmaus.
Gefurzt wird allzeit auf die Nacht
Und immer so, daß es brav kracht.
Doch gestern war der Fürze König,
Dessen Fürze riechen wie Hönig,
Nicht gar zu wohl in der Stimme,
Er war auch selbsten voller Grimme.
Wir sind jetzt über 8 Tage weg,
Und haben schon geschissen vielen Dreck.
Herr Wendling wird wohl böse sein,
Daß ich kaum nichts geschrieben fein.
Doch wenn ich komm' über d' Rheinbrücke,
So komm' ich ganz gewiss zurücke
Und schreib die 4 Quartetti ganz,
Damit er mich nicht heißt ein Schwanz.

Wolfgang Amadeus Mozart
an seine Mutter,
Worms, 31. Jan. 1978
„Ma trés chere Mére"

Furz und Fündig

Abortinschriften, Sprichwörter und Sinnsprüche

ABORTIGES
AUS GANZ DEUTSCHLAND

Hier darf man schiffen, scheißen, kotzen,
Wichsen, furzen, rülpsen, rotzen.
(Schlesien)

Wer hier pißt und läßt keinen Furz,
Dem ist der Pimmel ein Zoll zu kurz.
(Braunschweig)

Hier wird Schoaß g'macht,
Daß es kracht.
(Ulm)

Hier wird stehend gefickt,
Sitzend gefurzt und geschissen,
Wer nicht mittun will,
Wird rausgeschmissen.
(Riesengebirge)

Hier hört man die Scheiße fallen,
Hier hört man die Fürze knallen,
Und wenn hier heiße Dämpfe quallen,
Kann es mir sehr schön gefallen.
(Hamburg)

Ach, wie wohl wird einem Mann,
So er pupsen, pissen, scheißen kann;
Ficken noch gehört dazu,
Dann hat die liebe Seele Ruh'.
(Riesengebirge)

Alles schweige, jeder neige,
Unseren Fürzen jetzt sein Ohr,
Denn wir knallen, daß uns Ballen,
Treten an dem Arsch hervor.
(Berlin)

Wo man furzt,
Da laß Dich nieder,
Böse Klos,
Die haben keine Lieder.
(Hamburg)

Ich bin ein Mann,
Das könnt Ihr schon
An meinem Furzen riechen.
Er braust dahin im Siegeston.
Sonst würde er ja kriechen.
(München, Universitätstoilette)

Hier in Tirol
Fühl' ich mich wohl,
Weil es so schön als Echo hallt,
Wenn man auf dem Lokus knallt.
(Tirol)

Schon immer,
Wenn die Menschen pißten,
Hört' man 's furzen, hört' man 's fisten;
Warum sollt' ich mir beim Kacken
Also wohl den Furz verzwacken?
(München)

Der Furz erfüllte seinen Zweck:
In der Hose ist ein Fleck.
(Berlin)

Em' ene Gaul und em' ene Maa (Mann)
Schdeht en Furz wohl a',
Aber em'a Weib und e're Ku'e (Kuh)
Schdeht en Furz nit zu'e.
(Schlesien)

Den feinsten Wohlgeruch verbreite ich,
Riecht mich der Mensch,
Hält er die Nase sich.
(Mecklenburg)

Stinkt Dein Auspuff blau zum Himmel
Tanktest Du wohl reichlich Kümmel
(Köln)

Hast Du im Leben nichts zu lachen,
Laß' es auf dem Lokus krachen.
(Dortmund)

Kürze ist der Rede Würze,
Doch das gilt nicht für die Fürze.
(Mainz)

Hier rülpse ich! Mein Afterwind
Heut nicht den Weg zum Arschloch find'.
(Stuttgart)

LUTHER WAS HERE

Aus einem verzagten Arsch
Fährt kein fröhlicher Furz.
(Martin Luther)

Ein feiger Arsch
Läßt keinen muthigen Furz.
(Martin Luther)

Warum rülpset und forzet Ihr nicht,
Hat es Euch nicht geschmecket?
(Martin Luther)

RUCH- UND SUCHSPRÜCHE

Wer ihn zuerst riecht,
Aus dem er kriecht.

Wer ihn zuerst roch,
Aus dem er kroch.

Wer ihn hat zuerst gerochen,
Dem ist er aus dem Arsch gekrochen.

Wer ihn zuerst hört,
Aus dem er fährt.

Wer sich am ersten meld't,
Der hat gedrellt.

Wer ihn als Erstes wittert,
Dem das Arschloch noch zittert.

Wem er in der Nase sticht,
Der schnüff'le bei den anderen nicht.

Fortzen wir nicht alle,
Forzt nicht die Nachtigalle,
Forzt nicht Kaiser,
Forzt nicht König,
Der Eine mehr, der Andere wenig,
Forzt nicht auch das edle Roß,
Hängt denn grad
Vor meinem Arsch ein Schloß?
(Wien, Spruch zur Entschuldigung, wenn man einen fahren läßt)

Zum Wohlsein,
Wenn es genießt war,
Wenn es aber geschissen war,
Dann soll Dir der Teufel
In den Magen fahren.
(Schlesien, Spruch, wenn man einen Furzer erwischt)

SPRICHFÖRZLICHES
AUS GANZ DEUTSCHLAND

Erbsen, Bohnen, Linsen,
bringen den Arsch zum Grinsen.

Wer gut rülpst und wer gut farzt,
braucht keinen Arzt.

Wenn auch ein Furz geht quer,
holt man nicht gleich den Doktor her.

Äten, fräten, supen,
langsam geh'n un pupen.

Äten, drenke, schmocke, pupe
en't Bett john, wi'r obstohn.

Leever in de wide Welt,
as in de enge Buuk,
seggt de Kaptain
und ließ einen Furz.

Besser in d' große Welt
als im enge Büech (Bauch),
sagte ein Mann, als es auch schon stunk
wie im Schweinestall.

Besser ein Furz entrannt,
als ein Dorf abgebrannt.

Wer die Fürtz' verkrümmen will,
den krümmen sie wieder viel.

Dank ist wie ein Furz unter der Bank.

Wenn alte Leute furzen,
müssen junge Leute „Amen" sagen.

Wer den Arsch zusammendrückt,
dem nichts glückt.

Wo ein Pfaffenarsch tut blasen,
riecht 's gut den Katholennasen.

Zur Hochzeit gehen
und nichts schenken,
ist wie pissen ohne Furzen.

Scheißen bringt Hunger,
furzen bringt Kummer.

Wer einen großen Furz will lassen,
dem muß er durch das Arschloch passen.

Wenn ein großer Furz Dich drängt,
gib acht,
daß er Dein Loch nicht sprengt.

SPRICHFÖRZLICHES
(MIT INHALTSBESCHREIBUNG)

Mach' keinen Furz!
(Flunkere nicht)

Das ist unter allem Furz!
(Das ist unter aller Kritik)

Da kann man keinen ruhigen Furz
lassen.
(Da ist man zu beschäftigt oder geniert)

Er ist auf einen Furz gepfropft –
Er hat ausgefurzt.
(Es ist aus mit ihm)

Der ist wie ein Furz in der Laterne.
(Er ist unstet, Hans überall)

Der fährt auf wie ein Furz im Bade
(Er reagiert erschrocken)

Der furzt im Schlaf.
(Er hat Glück)

Der kann mit jedem Schritt und Tritt furzen.
(Er kann sich anpassen)

Der macht sich keinen Furz draus.
(Er macht sich nichts draus)

Einen Furz im Kopf haben –
Einen Furz gefrühstückt haben.
(Nicht ganz gescheit sein)

Aus einem Furz einen Donnerschlag machen.
(Etwas Unwichtiges aufbauschen)

Einen Furz auf ein Brett nageln – Einen Furz an einem Kördelchen aufhängen – Einen Furz in zwölf Teile spalten – Einen Furz packen und Späne daraus machen.
(Etwas Unmögliches versuchen)

Du läßt einen Furz bei einem Tauben.
(Du bittest vergebens)

Du meinst, Deine Fürze stinken nicht.
(Du bist nicht besser, als alle anderen)

Du bist keinen Furz wert.
(Du bist ein Nichts)

Du mußt riechen, wenn ich furze.
(Du sollst gehorchen)

Du mußt nicht stärker farzen, als Dein Arsch vermag.
(Soviel wie „Schuster bleib' bei Deinen Leisten")

Du häsch 'nit emol e Furz im e Lumpe.
(Zu einem Mädchen ohne Mitgift)

Dich hat ein Esel an die Wand gefurzt.
(Verächtlich zu einer Person mit unbestimmter oder niederer Abstammung)

Bind e Furz dran,
so isch 's e Scheiß länger.
*(Wenn etwas zu kurz ist,
z.B. eine Hose)*

Die Heiligen, die furzen, taugen nichts.
(Über Scheinheilige)

Man kann auch aus Spaß furzen,
daß es stinkt.
(Zu einem, der gerne stichelt)

Man muß auch mal einen Furz verkneifen können.
(Man muß auch mal den Mund halten können)

Verlang' von einem toten Mann einen Furz.
(Etwas Unmögliches fordern)

Man könnte ihn totfurzen.
(Über einen schwächlichen Menschen)

Er verfurzt alles.
(Von einem Menschen, der trotz vielen Essens mager bleibt)

Du kriegst einen Furz auf dem Rost gebraten.
(Du kriegst nichts zu essen)

Ein gebackener Furz auf einer Gabel.
(Eine Nichtigkeit)

Gegen einen Haufen Mist kann man nicht anstinken, auch wenn man noch so arg furzt.
(Wenn man vor einer Gemeinheit kapitulieren muß)

Man würde eher einen Furz aus einem toten Esel herausbringen, als ein Wort aus ihm.
(Über einen Verstockten)

Der muß raus, der bezahlt keine Miete.
(Über einen quersitzenden Furz)

Der läßt keinen Furz auf einmal, der druckt zweimal dran – Der verhebt den Furz, bis zwei d'raus geworden sind – Der ärgert sich über die Verschwendungssucht seines Arschlochs – Der ist ein wahrer Furzklemmer – Man kriegt eher aus einem toten Hund einen Furz heraus, als aus dem einen Heller.
(Über einen Geizhals)

Der ist so voller Fürz' wie ein Hund voller Flöh'.
(Über einen Spinner)

Kein Nonnenärschel tut sich wehren,
darf es süße Fürz' gebären.
(„Nonnenfürzchen" sind ein Zuckergebäck, das man vornehmlich in Klöstern und Stiften gerne aß)

Leise wie Zephyrgesäusel entschleicht
der Dame der Teebums!
Mächtig wie Donnergerumpel entfährt
dem Mann der Bierforz!
(Der besondere Witz dieses Volksspruchs besteht darin, daß man die erste Zeile mit dünner, jüngferlicher Stimme spricht, die zweite orkanartig mit starker Betonung der dumpfen Vokale im Baß, wodurch eine lautmalerische Wirkung von seltener Schönheit erzielt wird)

Auch Eselsfürz' sind ein Gewürz.
(Ein „eßbarer Furz" ist der Bovist, ein Pilz, der vom Volk als Eselsfurz bezeichnet wird)

Alles hat seine Wissenschaft, sagte das Mädchen, und hat das Licht mit dem Hintern ausgeblasen.
(Das Kerzenausblasen mit dem Hintern war im 18. Jahrhundert ein weitverbreiteter bäurischer Brauch. Vor allem in Holland war es nichts ungewöhnliches. Hier war auch das Anheben der Röcke zum „Anfurzen" anderer ein Zeitvertreib ausgelassener Gesellschaften)

SPRICHFÖRZLICHES AUS DEM AUSLAND

Ließe der Mensch den Furz nicht, gäbe er den Geist auf.
(Polen)

Arschwind geht, wohin er will.
(Polen)

Man darf den Furz nicht größer lassen, als das Arschloch groß ist.
(Polen)

Sag' einem Narren, er soll furzen, und er wird sich bescheißen.
(Serbien)

Die Nase ist hinter dem Furz her, der Furz hinter der Freiheit.
(Rußland)

Wo die Luft drückt, da findet sie auch immer ihren Lauf.
(Rußland)

Fürze sind keine Tauben, fliegen sie heraus, fängst Du sie nicht mehr ein.
(Rußland, Fürze hier auch Synonym für „Worte")

Wer zu Esel reitet, muß auch dessen Farz ertragen.
(Serbien)

Aus Liebchens Arsch klingt lieblich auch der Furz.
(Dänemark)

Wer an Drohungen stirbt, muß mit Fürzen begraben werden.
(Frankreich)

Wer vor Furcht stirbt, auf dessen Seelenheil furzt man.
(Spanien)

Atmen durch den Hintermund, erhält Leib' und Seel' gesund.
(Italien)

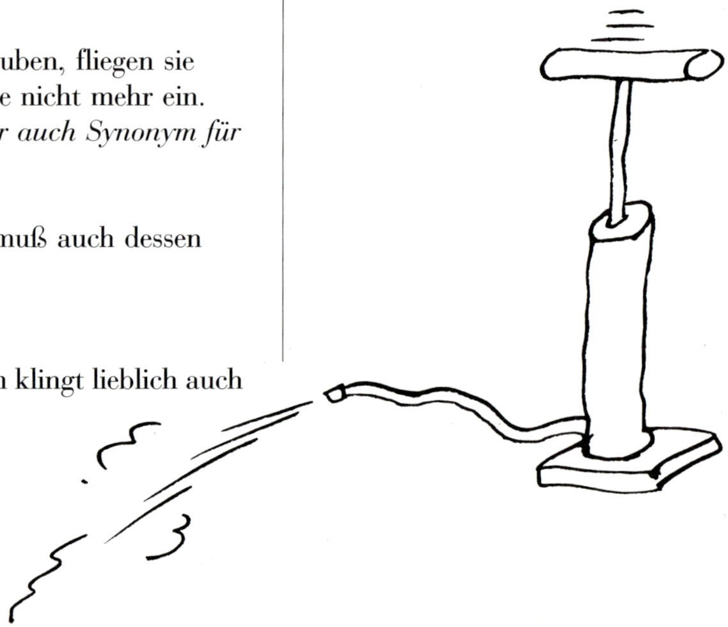

JETZT FURZT'S NOCH EINMAL 13

1. Eigene Fürze riechen wohl
2. Jeder riecht die eigenen Fürze gern
3. Die eigenen Fürz' sind wie Weihrauch
4. Wer eigene Fürze hat, braucht keine fremden riechen
5. Der riecht den Furz, eh' er heraus ist
6. Der Furz ist heraus, eh' die Hand zum Arsch kommt
7. Alte Fürze stinken
8. Doktor Furz hilft den Armen
9. Wer einen größeren Forz mit seinem Hindern lassen will, als er kann, der reitzet das Blut herfür.
10. Gefurzt ist nicht geschworen.
11. Er farzt wie a Waldesel
12. Er farzt wie eine Ackermähre
13. Mancher will ein Fürzlein lassen und bescheißt sich gar

(Aus: Deutsches Sprichwörterlexikon)

Ein feiger Arsch läßt keinen muthigen Furz

(Martin Luther)

Furz de France

Über die französische Kultur des Furzens

Es gibt wohl kaum eine andere Sprache, in der das Furzen auf so elegante Weise umschrieben wird, wie im Französischen. Was wir etwa mit „einen fahren lassen" ausdrücken, umschreibt der Franzose mit so anmutigen Worten, wie „ouvrir la tabatière" (die Schnupftabakdose öffnen) oder „ouvrir le tabernacle" (das Tabernakel öffnen).

Die schier unbegrenzten Möglichkeiten dieser Sprache haben eine Vielzahl von Begriffen entstehen lassen, die allerdings mitunter – durch einen gewissen Gleichklang bedingt – zu Mißverständnissen führen können, wie die folgende Anekdote zeigt:

König Leopold von Belgien und sein Minister der schönen Künste beaufsichtigten die Vorbereitungen für eine Ausstellung. Plötzlich gibt es eine kleine Meinungsverschiedenheit wegen eines bestimmten Bildes. „Das Bild wird hier aufgehängt", sagte der König. „Aber nein, Majestät, welch unpassender Gedanke!" („Ah non! Tenez done, Sire, quelle pétulance!") Der König verstand: Welch unpassender Gestank (quel pet tu lances)! Und sagte wütend: „Ich verbitte mir solche Redensarten, Herr Minister!" Dieses Mißverständnis begründete den politischen Fall in Ungnade des besagten Ministers, der anschließend seinen Hut nehmen durfte.

Man erkennt hier ganz deutlich die Fallen, die auch in einer sehr geistvollen und anmutigen Sprache auftreten können.

Wir wollen uns nun eingehender mit dem eigentlichen „französischen Furz" befassen. Die Franzosen, die Meister in der literarischen Auswertung dieses Themas sind, machen nicht nur Unterschiede nach den Geschlechtern, sondern innerhalb dieser auch nach den verschiedenen Kategorien. Und dies mit voller Berechtigung, denn schließlich lassen sich das verhaltene Fürzlein einer unbescholtenen Jungfrau und der vollbrünstige Furz eines angetrunkenen Bierkutschers nicht über einen Kamm scheren.

Beginnen wir also mit dem weiblichen französischen Furz. Wir unterscheiden den Furz des Fräuleins (pet feminin demoiselle), des jungen Mädchens (pet feminin de jeune fille), der Jungfrau (pet feminin de pucelle), der verheirateten Frau (pet feminin de vieilles), der Bürgerin (pet de feminin de bourgeoises).

Eine weitere Unterteilung müssen wir hinsichtlich der Berufe aufführen. Hier gibt es den Furz der Näherin (pet feminin de couturiere), der Schauspielerin (pet de feminin d'actrices), der Schäferin (pet feminin de bergère), der Bäuerin (pet feminin de paysannes) und der Kammerzofe (pet feminin de soubrette). Nicht zu vergessen, den Furz der Nonne (pet feminin de nonne) und der Kurtisane (pet feminin de courtisanes), wobei letztere Arten nicht unter die Kategorie „Berufe" fallen, da es sich hierbei wohl eher um eine Art Berufung handelt.

Mit dem schalkhaften Namen „pet de nonne" wird nicht nur in französisch sprechenden Ländern, sondern auch bei uns ein Gebäck – eine Art Mohrenkopf – bezeichnet, das sich durch seine Winzigkeit auszeichnet. Auch ein elegantes Lokal in Paris trägt diesen Namen.

Bei dem männlichen Furz beginnen wir sofort mit der Unterteilung in Berufsbezeichnungen. Die französische Männlichkeit pflegt den Furz des Maurers (pet de maçon), des Bierbrauers (pet de brasseur), des Bankangestellten (pet de commis), des Schauspielers (pet d'acteur), des Anstreichers (pet de bardeur), des Schneiders (pet de tailleur), des Bäckers (pet de boulanger), des Geographen (pet de géographe), und den des Wissenschaftlers (pet de savant). Besonders hinzuweisen ist auf den Furz des betrogenen Ehemannes (pet de cocu) und den des Widerlings (pet de vilain).

Für beide Geschlechter sind hinsichtlich der Klang- und Tonqualität folgende Furzbezeichnungen gebräuchlich: Der Musikalische (pet musical), der Einfache (pet simple), der Brutale (pet brutal), der Stumme (pet muet), der Verhaltene (pet diminué), der Doppellautige (pet diphtongue), der Schüchterne (pet timide), der Seichte (pet zéphire), der Schmerzvolle (pet doucereux), der Gedämpfte (pet à la sourdine), der Bezaubernde (pet charmeur), der Geflüsterte oder kleine Furz (pet semi-vocal ou petit pet), der Breite (pet épais) und der Vollstimmige oder große Furz (pet plein-vocal ou grand pet). Zuletzt unterscheiden wir im Französischen noch einige Fürze, außerhalb der o.a. Kategorien, den ländlichen Furz (pet de province), den erregten Furz (pet affecté), den Verwaltungsfurz – gemeint ist hier wohl der Beamtenfurz – (pet départemental). Zum Schluß gibt es dann auch noch den Begrüßungsfurz (pet bon accueil).

Wie auch immer geartet der Furz sein mag, ob von einer Dame oder einem Herrn, vom Kind oder Greis gelassen, in der „art de peter" laufen sich die Franzosen gegenseitig den Rang ab, immer unter dem Motto: Furze, leide nicht! „Peter, ça ne fait pas de mal". Verleitet durch den Gleichklang des peter und paete, haben die Franzosen diesen Satz nach dem berühmten historischen Ausspruch der Arria gebildet: „Paete, non dolet".

Mit der Ausübung dieser Kunst verbinden die Franzosen nicht selten eine ungewöhnliche Kulanz, wie folgende kleine Geschichte zeigt:

Ein Pferdekutscher half einem recht korpulenten Mann in seine Droschke. Beim Einsteigen ließ dieser einen ganz gewaltigen Furz streichen. Aufs äußerste beeindruckt schlug der Kutscher vor: „Wenn Sie von derselben Güte noch sechs weitere lassen, nehme ich Sie umsonst mit." Der Dicke folgte dem Aufruf unverzüglich. Der Kutscher hielt Wort und fuhr den Mann gratis. Beim Aussteigen meinte der Dicke zum Kutscher: „Du scheinst ein netter Kerl zu sein. Hier hast Du noch zwei als Trinkgeld."

Man stelle sich vor, wir könnten alle unsere Rechnungen auf diese Weise begleichen, so manche Geldsorgen wären im wahrsten Sinne vom Winde verweht.

Im Zusammenhang mit Geld finden wir auch den „pet sonnant". Dieser Ausdruck stammt aus einer Zeit, wo in Frankreich die Huren beim Passieren eines Stadttores eine Geldmünze zahlen mußten. Eben den „pet sonnant", eine klingende Kleinigkeit, gerade soviel wie ein Furz.

FRIEDE UND FURZ IM EINKLANG

Der juge de paix des Ortes (Friedensrichter, etwa dem Amtsrichter in Deutschland vergleichbar) war beinahe so hitzig wie ein Kapuzinerpater. Kein Mädchen im Ort, das er nicht nackt gesehen hätte. Nur die Françoise machte Umstände. Sie war von rostbraunem Haar, über zwanzig alt und hatte die weißeste Haut von allen Mädchen. Ihr Vater war aus dem Elsaß. Endlich, durch gute Worte und gutes Essen und guten Wein, ließ auch die Françoise ihre Röcke den Händen des juge de paix. Der nicht faul, warf sie auf den grünen Amtstisch und entschied sich für Françoises Schenkel. Wie nun der juge de paix die Françoise bestieg, fing diese zu stöhnen an. Oh monsieur le juge de paix und immer schneller, bis nur noch paix, paix, paix zu hören war. Wie aber nur noch paix ertönt, da ertönte mit jedem paix auch ein pet (= Furz).

(Aus: „Französische Bauernerzählungen", gesammelt von Karl Amrain)

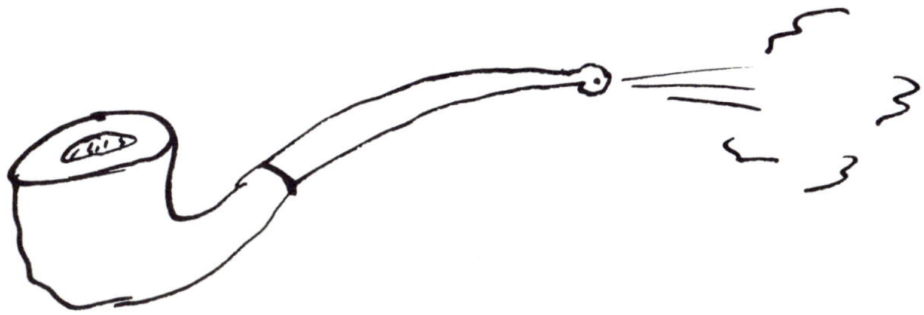

Der Furz als Geschäft

Über seine industrielle Verwertung
und seine markenartikelhafte Verwendung

DIE DARM-WINDENERGIE

Nachdem wir den Furz seinem Wesen und seiner Erscheinung nach betrachtet, in bestimmte Klassen eingeteilt und in geordneten Gruppen beschrieben haben, bleibt uns nur noch übrig, hier in gedrängter Übersicht auf den Nutzen zu verweisen, den wir jetzt schon aus ihm ziehen, und auf einige andere, noch nicht erwähnte, ihm innewohnenden Kräfte hinzuweisen, die leider bisher noch nicht genügend ausgenutzt worden sind.

Zunächst sein Geruch.
Wir haben gesehen, daß derselbe, obgleich im allgemeinen lästig, doch zuweilen eine recht vorteilhafte Anwendung findet.
Wir verweisen nur kurz auf den *vapor circensis*, auf die dem Furze innewohnende Kraft, uns unangenehme Gesellschaft vom Halse zu schaffen, und bei der Beschreibung des *vapor literatus* haben wir gesehen, daß uns sein Geruch oft zu unserem Vorteil in Ohnmacht wirft und uns betäubt.
Sollte man nicht den Furz sammeln und in ihm einen Ersatz für das schädliche Chloroform finden?

Sodann seine Detonation.
Sie gibt uns ein Mittel in die Hand, durch den sie begleitenden Schrecken Verwirrung zu erregen und uns aus mancherlei Verlegenheit zu ziehen, aus mancher peinlichen Situation herauszuhelfen, dadurch, daß wir die Aufmerksamkeit durch den Knall ablenken.

Ferner erwähnten wir, daß diese Detonation eine zuweilen angenehme, zuweilen drohende ist, daß man sie verschönern kann, wenn man dem Furze mit einer Lederhose, einem Blechtopfe zu Hilfe kommt, – nichtsdestoweniger sehen wir ihn in der Musik noch nicht verwertet, – es ist also eine würdige Aufgabe für den Zukunftsmusiker, diese Kraft zu wecken, zu kultivieren und gehörig auszunutzen.

Nun seine Wärme.
In kalten Winternächten, so erwähnten wir, benutzen wir ihn, das Bett zu erwärmen, die Soldaten in den Kasernen wenden ihn ebenfalls an, um sich durch diese innewohnende Kraft ihr Dasein behaglicher zu machen, es zu verschönern und sich vor Kälte zu schützen.
Sollte der Furz nicht geeignet sein, die Heizung billiger, praktischer, gebräuchlicher zu machen? Dies als Wink den Herren Technikern.
Und doch sind die bisher erwähnten nicht die einzigen Kräfte und nutzbaren Eigenschaften; der Furz gebietet über deren mehrere und bedeutendere.

Sprechen wir nun
über seine Leuchtkraft.
Wie so viele große Entdeckungen durch Zufall gemacht worden sind, wie so viele im Busen der Natur schlummernde Kräfte zufällig bekannt geworden sind – wir erinnern nur an die Entdeckung von Heilquellen, von Kohlenlagern etc., wie so viele Erfindungen absichtslos gemacht wurden, man sehe das Glas, das Schießpulver, – ebenso entdeckte man absichtslos, zufällig, erschrocken, eine dem

Die Spannung steigt, der Drang wird groß,
Nur still, gebt acht! Gleich drückt er los.
(Wilhelm Busch)

Furze innewohnende Kraft, deren Verwendung eine große Zukunft bevorsteht. Als der Mensch noch nackt im Urzustande lebte, spielten einige unschuldige Studierende ein Gesellschaftsspiel und setzten einen Preis darauf, wer den stärksten Furz lassen könne. So kam man darauf, zu sehen, ob der Furz wohl ein brennendes Streichhölzchen auszulöschen imstande sei.

Gesagt, getan. Aber siehe! Statt daß die Streichholzflamme erlosch, entwickelte sich eine schön schillernde, hell leuchtende Feuersäule – der Furz brannte – er leuchtete.

Eine praktische Anwendung hat man von diesem Phänomen bis jetzt noch nicht gemacht, im Gegenteil, als diese naive Begebenheit vergessen wurde, vergaß man auch die Leuchtkraft des Furzes selber.

Nun aber fragen wir – wozu Gasbeleuchtung, wozu Streichhölzer, wozu Öfen, wozu Öl, Petroleum, Talg- und Stearinlicht? Ist es nicht genug, daß die Natur dem Menschen ein Material gegeben, welches er selbst erzeugt, mit sich herumträgt, und bisher nur verächtlich wegwarf?

Man bringe, wenn man die bisherige Verschwendung und Nichtachtung bereut, wenn man den Furz nach dieser Richtung hin ausbeuten will, an der Quelle dieser Kraft, an der Pforte, einen allmählich sich erweiternden Schlauch an, der einige Male um den Leib geschlungen, allmählich sich verjüngt und in eine dünne Öffnung ausläuft.

Durch diese einfache Vorrichtung ist man nicht nur gegen ein unfreiwilliges Furzen geschützt, man hat nicht nur mehr jene *vapores mentecapti, vapores non vapores* und wie die schrecklichen Arten alle heißen mögen, zu befürchten, kann nicht nur überall seinen Gefühlen freien Lauf lassen, sondern man trägt in einem sicheren Reservoir einen Schatz von Leuchtkraft mit sich, den man beliebig ausnutzen kann.

Man bringe eben einen kleinen Hahn mit einer kleinen Öffnung an, zünde dort mit einem Streichholz, und man ist mit einem immerwährenden Zigarrenfeuer versehen, braucht niemand mehr um solches zu bitten, kann im Gegenteil selbst gefällig werden.

Man geht nach Hause, dort steht die Kaffeemaschine – weg mit dem Spiritus – man schraubt den Hahn weiter, die Flamme erweitert sich, der Kaffee ist fertig. Es wird dunkel. Man braucht keine Lampe, der Furz leuchtet. Es wird kalt, man braucht keinen Ofen, der Furz wärmt.

Der Taucher in seiner Glocke, der Bergmann in seiner Grube, sie brauchen keine kostspieligen Beleuchtungsapparate mehr, sie sind sich selbst genug.

Und solche Vorteile versagte sich bisher der Mensch? Und warum? Weil der Furz ein verachtetes, mit Füßen getretenes, verhaßtes Geschöpf ist. Doch wir hoffen, es soll anders werden.

Aufklärung und Kultur werden sich vereinigen, die gekränkten Rechte des Furzes wieder herzustellen. Jugend, Erziehung und Volksbildung werden dahin wirken, den Furz zu hegen und zu pflegen; anstatt ihn zu unterdrücken, wird man ihn zu kultivieren suchen.

DER GERUCHSVERBESSERER „MELO", DEUTSCHES REICHSPATENT NR. 328108

Dies' geschieht in den zwanziger Jahren. Eines Tages liest man in der Stuttgarter Zeitung von einer epochemachenden Erfindung, vom Geruchsverbesserer „Melo". Melo ist das griechische Wort für Lied, und was das so melodiös bezeichnete Produkt für die Geschichte des Furzens bedeutet, wie es das Furzen im wahrsten Sinne des Wortes in neue Bahnen lenkt, beschreibt ein enthusiastischer Redakteur:
„Es gibt sehr intelligente, gutherzige und geschmackvolle Menschen, die sich unrichtig ernähren und – wie sag ich's nur? – ihre unrichtige Ernährung von Zeit zu Zeit ihren Mitmenschen zu Geruch und Gehör bringen. Beliebtheit aber ist nur möglich bei tadel- und vor allem lautlosem Stoffwechsel. Manche wertvolle Unterhaltung ist schon durch unvorhergesehene Nebengeräusche gestört, manch herzlicher und inniger Kontakt durch jäh aufgetauchte Atmosphären unterbrochen worden.
Da wird es denn tausende Nebenmenschen interessieren, daß eine Stuttgarter Firma, deren Namen ich schamhaft verschweige, obwohl falsche Schamhaftigkeit hier nicht am Platze ist, einen Apparat erfunden hat, der die plötzliche – wie sagte man im Kriege? – Vergasung zu verhindern imstande sein soll.
Die Firma hat zuerst eine treffliche Broschüre herausgegeben: ‚Blähungen und ihre Bedeutung für die Gesundheit' (nicht der Firma, sondern des Blähenden). Darin tritt die Firma für eine unbedingte Darmfreiheit, vor allem für absolute Entgasungsfreiheit ein. Dieses natürliche Menschenrecht widerstrebt aber dem Gesellschaftsgesetz der Schicklichkeit. Und so entstand… der Melo.
In einem illustrierten Prospekt, an alle Deutschen gerichtet, wird das wichtige Instrument geschildert. Es ist ein ‚sinnreich geformtes Röhrchen , wiegt nur 6 Gramm, entspricht der Krümmung des Darms und kann mit Parfüm gefüllt werden, jawohl, mit Parfüm. Es wird Tag und Nacht getragen. Dank ihm gibt es keine geräuschvollen Überraschungen mehr, auch keine atmosphärischen Trübungen. Es sorgt für lautloses Austreten kleiner Gasmengen, die durch das im Melo aufbewahrte hochkonzentrierte Parfüm aufs angenehmste präpariert werden. Jeder Melo-Träger ist als Nachbar erwünscht! Freilich mahnt der Prospekt, den Melo nie ohne Deckel zu tragen.
Eine Fülle von Anerkennungsschreiben wird in einem zweiten Prospekt vorgelegt. Man lese:

Ein Kommerzienrat G. in O. telegraphiert:
‚Melo verloren. Erbitte sofort Ersatz!'

Frau S. in D. schreibt:
‚Tag und Nacht litt ich unter Angstgefühlen. Durch den Melo ist es besser geworden.'

Frau F.C. in J. schreibt:
‚Wir sind außerordentlich zufrieden mit

der Wirkung, meine Mutter und ich.' (Hier scheint das Instrument den Familienfrieden gehoben zu haben.)

Prinzessin N.N. schreibt:
‚Ich höre Gutes von Ihrem Melo' (eigentlich sollte man vom Melo gar nichts hören), und ersuche um Zusendung.'

Frau Rektor B. in A. schreibt:
‚Mein Mann ist nicht mehr verstimmt.' (Offenbar seit die Gattin sich der Erfindung bedient.)

Reallehrer Dr. E. in P. schreibt:
‚Ich mag den Melo nicht mehr entbehren, weder im Unterricht noch daheim. Ich halte ihn für Lehrer wirklich unentbehrlich.' (Melo stärkt und sichert zweifellos das Ehrfurchtsverhältnis von Schüler zu Lehrer.)

Das letzte Gutachten
gibt Frau Dr. R. in H. ab:
‚Der Melo ist eine Erlösung für Schamhafte. Für die Familiensitte ist er geradezu unentbehrlich.'

Das Familien- und das Gesellschaftsleben hat unter dem Kriege sehr gelitten. Solche unscheinbaren Erfindungen sind imstande, die alte Trautheit im Familien- und Freundeskreise auf eine reinere und stillere Grundlage zu bringen. Die häusliche Gemütlichkeit, ehedem zuweilen aufs peinlichste unterbrochen, ist nun auf eine, darf man sagen: melodischere Basis gestellt."
In derselben Zeitung lesen wir auch bald „Melo-Poesie". „Der vortreffliche, nützliche, seelenkonfliktebeseitigende Apparat für Leute, die an wahrnehmbaren Verdauungsstörungen leiden, ist bereits nach Gebühr gepriesen worden. Das hat nun der Schriftleitung eine Fülle von Dankschreiben eingetragen. Einer unserer vom Melo enthusiasmierten (und parfümierten) Leser schickte uns sogar eine dem Melo gewidmete – wir meinen – erschütternde Ballade, die seinen Nutzen an einem schicksalhaften Beispiel aufzeigt:

Malwina,
Gräfin Bums auf Knalldorf, sprach:
Ich leide großes Weh und Ungemach . . .
Geh, Rosamunde, lauf, Du gute Seel' – oh!
Und hole mir bei Müllers einen Melo.

Bei Müllers war ein flotter Jüngeling,
Zu welchem Rosamundchen gerne ging.
Sie ging um vier
Und kam zurück um achte –
Und kriegte eine Schelle, daß es krachte.

Inzwischen nämlich
Hatte sich dem Schloß
Ein edler Graf genaht mit seinem Troß,
Voll edlen Anstands trat er zu Malwinen
Und sprach: Mein Fräulein – äh –
Ich liebe Ihnen.

Sie sprang erfreut
Von ihrem Stuhl empor –
Da klangen Töne an sein gräflich Ohr,
Die sie mit Husten
Und mit bleichem Lächeln
Vergeblich suchte von ihm fortzufächeln.

Der edle Graf war gänzlich konsterniert
Und hat sich allerschnellstens retiriert:
Er ritt davon und ritt bis Yokohama.
So endete Malwinens Melodrama!"

In der Baden-Badener Morgenzeitung vom 8. 11. 1933 findet man währenddessen einen Eintrag, der auch den letzten ungläubig Staunenden von der Ernsthaftigkeit des Unternehmens „Melo" überzeugt:

Handelsregistereintrag Abt. B, Bd. 3, OZ 20 vom 3. November 1933: Firma Meloversand Gesellschaft mit beschränkter Haftung in Baden-Baden.
Der Gesellschaftsvertrag ist am 21. Januar 1933 festgestellt und durch Gesellschafterbeschluß vom 26. September 1933 in § 1 (Sitz der Firma) geändert. – Gegenstand des Unternehmens ist: Der Vertrieb der nach dem Deutschen Reichspatent Nr. 328108 des Richard Kirchhoff, Kaufmann in Stuttgart geschützten und unter dem warenzeichenrechtlich geschützten Namen „Melo" in den Verkehr kommenden Afterröhrchen. – Stammkapital: 20000 RM. – Geschäftsführer ist: Richard Kirchhoff, Kaufmann in Stuttgart. – Die Bekanntmachungen der Gesellschaft erfolgen durch den Deutschen Reichsanzeiger.

Baden-Baden, den 3. November 1933.

Amtsgericht I.

Nun noch ein Werbeschreiben der Propaganda-Abteilung des Melo-Werks dessen Erfindung bei den Furzenden Deutschlands ein unerhörtes Echo freizusetzen scheint. Endlich ungehört furzen zu können, frei vom Ruch des Furzers und der Furzerin – im Gegenteil – Wohlgeruch verbreitend und damit Anziehungskraft ausstrahlend, auf dieses Bedürfnis zielt die ganze Melo-Werbung:

Sehr geehrter Herr,
sehr verehrte gnädige Frau!
Im Nachstehenden machen wir Sie auf unseren zum D.R.P. angemeldeten Apparat „Melo" aufmerksam.
„Melo" ist ein Apparat zum Einsetzen in den After. Er macht Blähungen geräuschlos, und vermöge seiner besonderen Einrichtungen verleiht er übelriechenden Blähungen Wohlgeruch, je nach Wunsch: Rosen-, Narzissen- oder Maiglöckchenduft.
Wie wir aus den Kreisen Ihrer Freunde hören, leiden Sie seit Jahren an übelriechenden Blähungen, die nicht nur Ihnen, sondern vor allem Ihrer Umgebung lästig fallen.
Wir empfehlen Ihnen deshalb, einmal einen Versuch zu machen mit unserem Melo-Apparat. Sie können sich mit demselben ausblähen, wann, wie und wo Sie wollen, ohne sich unbeliebt zu machen, und Sie brauchen nicht erst den Versuch zu machen, die Blähungen zu unterdrükken, was Ihnen nur in den seltensten Fällen gelingen dürfte und je gelungen ist.

Der Preis des
Melo-Apparats beträgt 25.– Mark
Mit Wohlgeruchseinrichtung 50.– Mark

Bei Einsetzung des Glockenspieles erhöht sich der Preis um 25%. Bei Abnahme von mindestens 6 Stück (vielleicht haben Sie unter Ihren Bekannten Bedarf?) gewähren wir Ihnen 20% Rabatt.
Lieferung erfolgt sofort ab Lager München. Zwischenverkauf vorbehalten. Bei Nichterfolg zahlen wir das Geld zurück.
In Erwartung Ihres gefl. Auftrages empfehlen wir uns

Hochachtungsvoll
Melo G.m.b.H.

Und zu allerletzt eine Anzeige, die den Melo und „Festes Furzen" zum Weihnachtsfest als Thema hat:

GESUNDHEIT
MACHT LAUNE ZU SCHÖNEM
UND HEITEREM – DARUM
DAS NÜTZLICHE
WEIHNACHTSGESCHENK
EIN DARMENTGASER
D.R.P. MELO
VERBLÜFFENDE BERICHTE
VON AERZTEN UND LAIEN
PROSPEKTE KOSTENLOS VOM
MELO-VERTRIEB
STUTTGART, HOHENHEIMER STR. 1

WENN DER ARSCH FAXEN MACHT: POPOFAX.

Was ist aus dem „Darmentgaser" geworden? Sein Erfolg ist „vom Winde verweht", indes blieb er in der lieben Erinnerung vieler Menschen haften. So schreibt zum Beispiel Tomi Ungerer:
Bei uns in der Familie wird ein Furzvortrag überliefert, bei dem sich unsere Gäste seit jeher regelmäßig vor Lachen in die Hose scheißen. In diesem Vortrag, in dem der Furz zum Lachgas wird, hat der Melo inzwischen einen anderen Markennamen. Bei Ungerer's heißt er „Popofax".

Werte Volksgenossen!
Wie wir gehört haben, leiden Sie teilweise unter starken Blähungen, die nicht nur Ihnen, sondern auch Ihrer Umgebung lästig fallen.
Wir erlauben uns deswegen, Sie auf unseren zum Patent angemeldeten Apparat „POPOFAX" aufmerksam zu machen.
„POPOFAX" macht die durch Blähungen mitunter lautstark auftretenden Winde geräuschlos und verleiht den übelriechenden Gasen Wohlgeruch nach Wahl: Rosenduft, Veilchenduft, Narzissenduft und Maiglöckchenduft.
„POPOFAX" wird mühelos in den menschlichen Auspuff eingesetzt. Machen Sie einmal den Versuch mit einem Apparat. Sie können blasen, wann und wo immer Sie wollen, ohne befürchten zu müssen, sich unbeliebt zu machen.
Im Gegenteil, Sie werden durch den Wohlgeruch, den Sie verbreiten, überall angenehm auffallen. Die Preise sind folgende:

Marke:
„Hinaus in die Ferne",
mit Rosenduft 50 Mark

Marke:
„Es braust ein Ruf wie Donnerhall",
mit Veilchenduft 55 Mark

Marke:
„Durch diese hohle Gasse muß er kommen",
mit Narzissenduft 55 Mark

Marke:
„Trompeter von Säckingen",
mit Maiglöckchenduft 60 Mark

Für besonders starke Bläser, bei denen auch unser Apparat den Schall nicht ganz zu dämpfen vermag, haben wir noch eine kleine Vorrichtung eingebaut, die im kritischen Fall anstatt des häßlichen Huptons ganz diskret den Ruf „Kuckuck" erschallen läßt.

Marke:
*„Kuckuck, Kuckuck,
ruft's aus dem Wald"*,
mit Tannenduft 75 Mark
ist mit eingraviertem Monogramm ausgeführt.

In Erwartung Ihres geschätzten Auftrages verbleiben wir hochachtungsvoll
Darmstadt oder Pforzheim mit Datum vom soundsovielten, Gruß Tomi Ungerer („dies ist mein verbaler Furz-Beitrag").

Was der Melo also ist – bei der Familie Ungerer Popofax – ist nun klar, aber was ist ein Golo? Dazu die folgende Geschichte:
„Ein preußischer Leutnant war in eine badische Garnison versetzt worden. Beim Kommando „Stillgestanden" lachte im zweiten Glied ein Schwarzwälder Bauernbursche laut auf. „Warum lachen Sie?" schnauzte der Leutnant ihn an. Der Soldat meinte treuherzig: „Der Huber nebe mir het ein' goh lo." Der Leutnant, der mit dem alemanischen Dialekt nicht vertraut war, begnügte sich vorläufig mit der ihm unverständlichen Antwort, fragte aber abends im Kasino einen Kameraden: „Sagen Sie mal, was versteht man eigentlich hierzulande unter einem Golo?"
Bei der Anwendung des Melo sind übrigens auch schon unliebsame Verwechslungen vorgekommen. Eine weniger tragische passierte, nach dem Hörensagen, einer bayerischen Prinzessin. Die Zofe steckte ihr versehentlich statt eines Melo eine kleine Signalpfeife in den Popo. Beim ersten Pfiff erschrak die Dame nicht wenig. In der Folge pflegte sie sich jedoch mit Vorliebe dieser ingeniösen hintern Vorrichtung zu bedienen und jedesmal der Zofe zu pfeifen, wenn sie ihre Dienste benötigte. Es war ihr bequemer als zu klingeln.

Keine Angst vor'm Fliegenlassen

Das Hinterletzte vom Furzen

WIE MAN DEM FURZ NAHRUNG GIBT

Daß bestimmte Nahrungsmittel die Bildung der Darmwinde fördern, bis sie als Fürze mit Orkanstärke blasen können, dieses Thema durchweht die Seiten dieses Furz-Buches. Dazu hier einige zusätzliche Auslassungen.
Fürs Furzen am verantwortlichsten gemacht werden die Hülsenfrüchte: „Erbsen, Bohnen, Linsen, bringen den Arsch zum Grinsen", heißt es. Auch die Zwiebeln werden als treibende Kräfte genannt, insbesondere der Knoblauch, der wegen seiner segensreichen Kräfte im alten Ägypten sogar als Gottheit verehrt wurde. Damals wurden selbst die „Winde, die durch dessen Verzehr entstehen", als göttlich bezeichnet. Nun dürfte die Gnade des „heiligen Furzens", welche die Gottheit Allium Sativum gewährte, in ihrem Dunstkreis für die Nase kaum zu orten gewesen sein – und so ist auch der Glaube an die Knoblauch-Göttin „verduftet".
Nun vom Furzen als Beschwörungsformel für die Götter, vom Blähorakel der Tamulen, einer ostindischen Volksgruppe. Treibendes Getreide spielt hier die Hauptrolle:
„Sobald die Braut engagiert ist, wird es dem Kasten- oder Stammeshäuptling angezeigt. Die beiderseitigen Verwandten kommen im Hause der Braut zusammen und bringen verschiedene Kornarten mit, welche zu einer Mahlzeit zubereitet werden.
Die Frauen lassen sich auf kleinen Matten nieder im Innern des Hauses, die Männer draußen auf der Veranda.
Braut und Bräutigam müssen nun von diesem Kornbrei in sich stopfen soviel als geht; da die Kornarten aber alle blähender Natur sind, so erfolgt binnen kurzer Zeit ein solches Blähungskonzert, das man es sich kaum vorstellen kann.
Lassen die Blähungen an Intensität zu wünschen übrig oder bleiben sie fast völlig aus, dann ist das ein Zeichen von schlimmer Vorbedeutung. Die Verwandten erheben sich und erklären: Wir können deinem Sohn das Mädchen nicht geben. Geht dagegen alles nach Wunsch, so erhält der Bräutigam nicht nur die Frau, sondern auch ein Gelddarlehen."
Was hier bei den Tamulen ein religiöser Brauch ist, wird andernorts auch als Streich gespielt: jemanden gegen seinen Willen zum Furzen zu bringen. Einem Zauber- und Taschenspielerbuch des 18. Jahrhunderts ist das folgende „artige Rezept" entnommen:
„Nimm Alaun und Roßstaub, so Du in den Pferdestriegeln findest, und schütte diese Mixturam beim frohen Mahl einem Gast ohnbemerkt ins Weinglas. Alsbald wird der nähmliche wohl fünfhundert Fürze in der Stunde thun, so Du ihn nicht mit Essig erlösest."
Ein ähnlich windiges Rezept wurde bereits als „vapor suculentus" im Kapitel „Die Würze der Fürze" vorgestellt.
Im 16. und 17. Jahrhundert galt das Furzen als ein Zeichen der Zufriedenheit nach dem Essen und der Dankbarkeit gegenüber dem Gastgeber, was nicht zuletzt die irritierte Frage Luthers zeigt: „Warum rülpset und forzet Ihr nicht, hat es Euch nicht geschmecket?"

Allerdings ist das Furzen mitunter auch eine Beschwerde über schlechtes Essen, wie die folgende Geschichte aus Kroatien zeigt:
„Bei einem Pfarrer arbeitet ein Gärtnerbursche. Da es Fasttag war, gab's Brotsuppe, Käs' und weiße Bohnen. Mittags verspürte der Ackergärtner ein Gefühl, als solle er zum Luftballen (Luftballon) werden, und jeden Augenblick mußte der Bursche einen ziehen lassen. Endlich wandte sich der Pfarrer, welcher in der Nähe des Gärtners stand, zu dem Sünder um und fragte, was denn mit ihm los sei. ‚Herr Pfarrer, noch dem Käs' und denne truckete (trockene) Bohne, stoßt's mim Arsch süer uf.'"
Und gleich noch eine Bauerngeschichte, sie wird im Elsaß erzählt, und es sind diesmal die Birnen, die den Menschen zum Furzer machen:
„Ein Bauer, der viele Birnen gegessen hatte, mußte beim Pfarrer eine Sache erledigen. Während des Gespräches fingen die Birnen an zu wirken – man weiß wie Birnen blähen. Der Pfarrer tat zuerst als ob er nichts merke, dann aber, als die Sache zu arg wurde, meinte er: ‚Awer, awer wie kann mer nur!' ‚Herr l'abbé, entgegnete der Bauer, „was welle–n–st– Ihr. 'S isch der Wind, der d' Bire schüttelt.'"
Schließlich eine Erzählung aus Bosnien, rund um Bohnen und Schmalz, und „wie einem, so oft er ein Wort spricht, das Arschloch Antwort gibt":
„Es war mal ein Jüngling und der faßte zur Tochter eines Pilgrams eine Neigung und vereinbarte mit dem Pilgram, ihm ein volles Jahr zu dienen, wofür er ihm nach Ablauf der Zeit die Tochter geben solle. Er diente treu und redlich und tat auf alle mögliche Art und Weise dem Mädchen zu Willen, doch sie liebte ihn nicht, sondern liebäugelte mit einem anderen Burschen.
Als bereits das volle Jahr vorüber war, verlangte er vom Pilgram die Tochter, doch der Pilgram sagte zu ihm, daß er ihm die Tochter nicht gebe, vielmehr werde bald ein Werber eintreffen, seine Tochter zu erlangen. Leidvoll und traurig begab sich der Jüngling zum Kadi und begann durch Geweine zu stottern, doch verstand ihn der Kadi nicht und sagte zu ihm: ‚Geh, mein Sohn, sag du mir, wie sich das zugetragen und wir wollen dafür ein Heilmittel suchen!' Hierauf erzählte er ihm, wie er sich beim Pilgram verdungen, ihm für die Tochter ein volles Jahr zu dienen und wie ihn das Eberschwein betrogen habe.
Sprach zu ihm der Kadi: ‚Geh du zu ihm und an dem Abend, wann du erfahrst, daß der Werber kommen wird, nimm eine Urne Schmalz und einen Topf voll zerdrückter Bohnen und gib du das zum Nachtmahl dem Pilgram, der Pilgramin und dem Mädchen und das Mädchen wird dir gehören!'
Er tat so. Eine kurze Weile, nachdem sie zur Nacht gegessen, huben der Pilgram, die Pilgramin und das Mädchen zu farzen an, so daß sie nicht mehr zurückzuhalten vermochten. Alsdann erschien der Werber und der begrüßte sie mit ‚Salam!' Das Mädchen erwiderte den Gruß mit ‚Alikum!' und farrrz – ‚Wie geht es dir, Freundin?' – Sie darauf: ‚Gut!' frrrz! – Hierauf kommt das Mädchen,

um ihm die Hand zu küssen: sie beugt sich vor und rollt ein Gefarz ab, daß sie es nicht mehr aushalten konnte. Sie fragte ihn, ob sie ihm einen Kaffee absieden soll. Der Werber war verblüfft: ‚Das sei auch für das Seelenheil! So oft als einer von euch ein Wort spricht, gibt euch das Arschloch die Antwort!' Er wandte sich zum Weggehen um, das Mädchen aber sagte: ‚Teuerster – frrrz – Papa – frrrz – gedulde dich – frrrz – bis frrrz – das Arschloch – frrrz – wider genest!' frrrz. Er jedoch sprach: ‚Nun und nimmermehr! Was? Ich sollte eine solche Dauerfarzerin in mein Haus heimführen?' Und weg war er.
Derart beschämt wußten der Pilgram und die Pilgramin nicht, was sie anderes tun sollen, als noch an diesem selben Abend das Mädchen dem Diener zu geben. Teils erfreut, teils, um sich an dem Mädchen zu rächen, packte der Diener das Mädchen noch in derselben Nacht und drückte sie zum Vögeln nieder. Und so oft als er auf ihr zuzuckte, ließ sie eine Stute einen Farz fahren und so oft er zarter zuschlug, farzelte sie auch zarter."
Am Schluß dieses Kapitels wird durch Erbsen wohl nicht nur der Arsch zum Grinsen gebracht. Zitat aus der Kölner Boulevard-Zeitung „Express":
„Als der Hauptmann kam, knallte er aus dem Rohr, aus dem Soldaten nur nach dem Genuß von Erbsensuppe knallen dürfen, und beleidigte so den Offizier."
Wozu man eigentlich nur noch einen Druckfehler der Schwäbischen Zeitung hinzufügen kann:
„Die Lochmuskeln der erfreuten Zuschauer kamen nicht mehr zur Ruhe."

SCHULSTUNDE DES FURZENS

„Eigenlob stinkt", verkündet der Lehrer. Stimme aus der letzten Bankreihe: „Dann hat sich der Fritz aber eben fleißig gelobt!" Hier nun also einige Betrachtungen zum Furzen in der Schule. Im Mittelpunkt steht dabei seit jeher – wie auch schon an einigen Stellen dieses Buches beschrieben – das Auffinden „furziger Schüler".
Ein höchst interessantes Verfahren, einen Furzer in der Klasse festzustellen, schildert der Däne Andersen Nexö in seinem Roman „Pelle der Eroberer":
Die Kinder sangen voll Inbrunst ein Volkslied.
Plötzlich: ‚Put! Put!' – Alles war mit einem Schlage still, die ganze Schule saß da und hielt sich die Nase zu: ‚Put! Put!' Ein Junge und ein Mädchen wurden vom Lehrer aufgerufen. Sie mußten die Reihen hinuntergehen und die Rücken beschnüffeln, um den Schuldigen zu finden. Das ganze war in Auflösung begriffen. Eine Schlägerei brach unter den Kindern aus, und der Lehrer fuhr mit dem Stock wahllos dazwischen."
Der Kampf mit dem Furz, den alle Lehrer auszufechten haben, ist wohl so alt wie der Furz selbst. Ein besonders schönes Beispiel davon finden wir in dem Buch von Carl Vogt „Aus meinem Leben":
„Der Zwetschgenhonig, in Darmstadt Latwerge genannt, eine zähe Kompote aus Zwetschgen ohne Zucker, war ein furchtbares Nahrungsmittel, schwarz, zähe und derart mit Säure übersättigt, daß die Zähne stumpf davon wurden.

Nun denke man sich dreißig Buben in einem Raume, die ein Frühstück von Milch und einer mit saurem Honig bestrichenen Schnitte von saurem Roggenbrote zu sich genommen hatten und nun über Vokabeln und Schriftvorlagen schwitzten! Welche Verdauungsprodukte! Welche Seelenverduftung! Die Hosenrumpler waren unvermeidbar. Meistens versuchte der Schuldige, den Lehrer auf eine falsche Fährte zu leiten, indem er mit dem Ausrufe: ‚Der war's!' auf einen seiner Nachbarn deutete. Dieser beeilte sich zu rufen: ‚Ich war's nicht!', aber der Lehrer verließ sich mehr auf seine Nase, als auf Anzeigen und Beteuerungen. Er hatte die schmalen Bänke so disponiert, daß er hinter den Schülern durchgehen konnte, und schnuffelte jedesmal richtig den Übeltäter heraus, dessen schuldigen Teil er dann mit dem Haselstock bearbeitete. Wir beneideten auf Grund dieser Eigenschaft unseres Lehrers die Stadtschüler. Deren Magisters Nase war aus härterem Stoffe geformt. Wenn einer ‚Herr Magister! Der Louis hat einen streichen lassen!', rief, so war die Antwort des launigen Schultyrannen stets: ‚Lauf' ihm nach und fang ihn ein. Du kannst ihn gern behalten."
Bleiben wir beim Schüler, dem ein Furz entwischt, und der als „Vater der sausenden Dämpfe", wie sich ein Deutschlehrer auszudrücken pflegte, erwischt wird. In einer elsäßischen Schulstube. In der Katechismusstunde läßt der kleine Natzel einen ziehen. Der Pfarrer fragt: „Wer war's?" Alle zeigen auf den Natzel. „D'r Schüah het gekrackst", entschuldigte sich der Betroffene. „Zeig, loß 'ne noch emol krackse", droht der Pfarrer. „I träu nit, i fürcht, 's geht in d' Hose."
Wie wohl soll ein erwachsener Mensch ein freies Verhältnis zum Furzen entwikkeln, wenn er als Schüler dafür bestraft wird. Die glimpflichste aller Strafen ist es, vor die Tür gesetzt zu werden. Dies geschieht in Köln einem Fritzchen:
„Vor der Tür fängt Fritzchen schrecklich an zu lachen. Kommt der Direktor vorbei und fragt, warum er vor der Tür stehe und so lache. Darauf Fritzchen: „Ja, ich habe in der Klasse einen sausen lassen und durfte raus. Die anderen müssen jetzt in dem Mief umkommen!"
Von einem ähnlichen Kölner Fritzchen wird die folgende Furzgeschichte erzählt: Rechenunterricht in der ersten Klasse. „Sieh mal, Fritzchen", sagt der Lehrer, „wenn ich in dieser Hand einen Spatz habe, wieviel sind das?"
Fritzchen: „Einer."
Lehrer: „Richtig! Paß mal auf, wenn ich nun auch in der anderen Hand einen Spatz habe, wieviel sind das zusammen?"
Fritzchen: „Zwei."
Lehrer: „Brav, Fritzchen, ausgezeichnet! Weiter! Wenn ich nun einen fliegen lasse, wieviel sind es dann?"
Fritzchen: „Zwei."
Lehrer: „Aber Fritzchen, das ist doch falsch."
Fritzchen: „Wiesu?"
Lehrer: „Ich habe doch einen fliegen lassen."
Fritzchen: „Wat künne dann die Mösche doför, wenn Sie eine fleege loße?"

TIERISCHES FURZEN

Im Gegensatz zur menschlichen Gesellschaft tut man sich in der Tierwelt mit dem Furzen keinen Zwang an. Vor allem dem Esel, dem angeblich dümmsten unter den Haustieren, wird eine besondere „Farzigkeit" nachgesagt (wie es schon mehrfach in diesem Buch anklang).

Daraus abzuleiten, daß insbesondere „Dummheit furzt", ist allerdings fragwürdig. Auf „Eselsfürze" also stößt man überall in der Literatur, bei Luther etwa, wo es heißt: „Dieser ist ein köstlicher Meister, den solt man mit Eselsförzen krönen." Luther spielt hier indes auf eine Distelart an, die vom Esel bevorzugt wird, den Eselsfurz, botanisch Onopordon. Gerhard Hauptmann verwendet diesen Ausdruck in seinem „Florian Geyer" in des Wortes ursprünglicher Bedeutung: „Wer vor Dräuen stirbt, dem läutet man mit Eselsfürzen aus, ihr Herren."

In Konrad Derres „Geschichtenbuch" aus dem 14. Jahrhundert wird ein Eselsfurz mit „gar schröcklichen" Folgen beschrieben:

„In der Stadt Wimpfen ist es geschehen, daß ein Esel und eine Gans die Stadt verbrannt haben, so erzählt man:

Es hatte einer einen Esel, und der ging und fraß Weintrester, und davon wurde er trunken; dann lief er hinaus auf den Anger und legte sich nieder und schlief, und er furzte gar arg und öffnete den Hintern weit.

Dort war aber eine Gans, und die zupfte ihm Beeren aus dem Hintern, und schließlich steckte sie den Kopf so tief hinein, daß ihn der Esel, als er den Hintern schloß, drinnen behielt. Und sie begann heftig mit den Flügeln zu schlagen, und der Esel, lief heim.

Als er aber bei seinem Hause an dem Speicher vorbeikam, hatten die, die dort arbeiteten, ein Feuer, und die Federn der Gans gerieten in Brand. Und der Esel lief in den Stall und zündete ihn an, und so verbrannte die ganze Stadt. Ist's wahr, so ist's wahr."

Von der dümmsten zur spaßigsten Spezies furzender Tiere (nicht zu dem Vogel, nach dem der Mensch „wie ein Wiedehopf stinkt"), zu jenem komischen Vogel „porzana marmorata", dem Sumpfhuhn, das sich durch eine rostrote Färbung der Aftergegend auszeichnet. Bei Demokritos-Weber heißt es im Kapitel „Die Vögel":

„Der Holländer vergnügt sich an dem ungemein geselligen südamerikanischen Sumpfvogel, Trompete genannt, denn er gibt einen gewissen Ton von sich – nicht durch den Schnabel, sondern durch eine andere Öffnung, und daher heißt er auch plattweg der Farzer!"

Vielleicht ist dieser „Farzer" verwandt mit dem Knarrhuhn – phosphia crepitans – das ebenfalls Trompeter genannt wird und im niederländischen poepert (sprich: pupert) heißt. Hier ist Nomen Omen.

Aus dem Knarrhahn entsteht durch Umstellung von nur zwei Buchstaben ein Knurrhahn. Der Knurrhahn ist aber nicht das männliche Knarrhuhn, sondern ein Fisch, der einen knurrenden Ton hören läßt, sobald man ihn aus dem Wasser nimmt.

AUS DEM PRALLEN (FURZ)LEBEN

Trauerzeichen
Ein Weib stimmt Trauerklagen nach ihrem Ehegatten an und unwillkürlich rutscht ihr einer aus und sie farzt. Um die Sache zu vertuschen, sagt sie zu den Weibern, die ihr Trost zusprechen wollen: „Vernahmt Ihr wohl, o meine trauten Nachbarinnen, wie mir Leidbeladenen vor Trauer das Herz zersprang!"
(Slowenien)

Meinungsunterschied
Ein alter Mann sagt in der Brautnacht zu seiner jungen Frau: „Liebes Weiberl, darf ich?" – „Warum nicht? Wir sind doch Mann und Weib". Da läßt der Alte einen großen Furz. „Aber Mann", versetzt sie, „so war es doch nicht gemeint!"
(Niederösterreich)

Freiheitsdrang
Ein Witwer heiratete wieder. In der Hochzeitsnacht fragte er sein neues Weib: „Werden Sie mir erlauben von der ehelichen Freiheit Gebrauch zu machen?" – „O, bitte sehr." Da farzte der Witwer, drehte sich um und schlief ein.
(Polen)

Unverständnis
Einmarsch französischer Soldaten in Deutschland. Mutter und Tochter stehen am Haustor, und da farzt die Mutter. Die Tochter weist ihre Mutter zurecht, weil sie „den Siegern zu Ehren farze". Darauf die Mutter: „Schweig, du närrische Gredl, die verstehen nicht unsere Sprache. Es sind Franzosen, die wissen mit dem teutschen Farz nichts anzufangen."
(Saarland)

Rechnungsausgleich
Ein geiziger Bauer war krank. Während der Untersuchung durch den Arzt ließ er einen Kräftigen ziehen. Der Doktor meinte: „Der ist einen Dukaten wert." „Eh bien", meinte der Bauer, „neme Sie en drum, Herr Doktor."
(Elsaß)

Wechselgeld
Ein feingekleideter Herr, der fortgesetzt kleine Fürze ließ, wurde von einem ihm folgenden Schusterjungen angesprochen mit den Worten: „Mein Herr, haben Sie viel Kleingeld?" Als der Herr dies bejahte, ließ der Schusterjunge einen kräftigen streichen und sagte: „Können Sie mir den wechseln?" . . . und verschwand.
(Berlin)

Verbranntes
Ein Düsseldorfer Pfarrer, ein bekanntes Original, aß eines Tages im Wirtshaus zu Mittag. Als er den ersten Löffel einer glühend heißen Suppe zu sich nahm, verbrannte er sich Lippen und Zunge. Vor Schreck entfuhr ihm dabei ein kräftiger Furz. Die Umsitzenden lachten unbändig, nur ein junger Leutnant, der gern den Korrekten spielte, sagte voller Entrüstung zu dem alten Herrn: „Aber, Hochwürden, wie kann Ihnen denn das passieren?!" Der Pastor rieb sich die Lippen und erwiderte: „Sid stell, jongen Här! Dat es der Inzige, dä sich gerett hät. Die angere sind allemole verbrennt!"
(Düsseldorf)

Durchdringendes
Ein polnischer Oberschlesier betrat eines Tages eine Apotheke und verlangte einen starken Schnaps. Im Drange der Geschäfte irrte sich nun der Provisor und gab ihm statt Schnaps ein Glas Schwefelsäure, das der Mann auch ruhig leerte. Als er weggegangen war, merkte man die Verwechslung und geriet in große Erregung. Nach einigen Tagen aber kehrte derselbe Mann zurück und bat wieder um ein Glas von der gleichen Sorte. Als man ihn fragte, ob ihm denn der Trank neulich gut bekommen sei, sagte er: „Ja, war gutt, wenn ich hab gelassen Furz, war immer Loch in Lederhose."
(Polen)

Stuhldrang
In einer feinen Berliner Gesellschaft entwischt einem Herrn ein ziemlich lauter Furz. Sofort fängt er an mit dem Stuhl zu rücken, macht das aber in der Eile so auffallend, daß ihn das neben ihm sitzende Fräulein bittet, keinen solchen Lärm zu machen. „Entschuldigen Sie, Fräulein!" sagte dieser, „ich habe nur etwas mit dem Stuhl gerückt." „So?" entgegnet die Dame, „wie machen Sie denn den Gestank dazu?"
(Berlin)

Versteckspiel
In einem Coupé saßen ein junges Mädchen und ein junger Mann. Beide hätten sich gerne ihrer Gase entledigt, doch jeder genierte sich. Da sprach das Fräulein: „Fahren Sie nach Wie-ie-ie--ie-n?" und während sie das letzte Wort recht laut und gedehnt in hohem Sopran aussprach, fistete sie. Der Mann erwiderte: „Nein, ich fahre nach Bruckkk!" und dabei fiel das letzte Wort, recht kurz und im tiefsten Baß ausgesprochen, mit einem kurzen, energischen Furz zusammen.
(Österreich)

Doppeldeutiges
Ein englischer Adliger am Hofe Elisabeths I. begrüßte auf einem königlichen Fest seine Königin mit einer tiefen Verbeugung. Dabei passierte ihm nun das Mißgeschick, daß er laut und deutlich einen fahren lassen mußte. Aus Gram über dieses unschickliche Benehmen verließ er England. In den Kolonien gelangte er zu Ruhm und Ehre. Nach vielen Jahren endlich, als er glaubte, daß Gras über die Sache gewachsen wäre, kam er wieder an den Hof zurück. Wieder kniete er vor der Königin nieder, und dieses Mal war kein Ton zu hören. Das veranlaßte die Königin zu der Bemerkung: "We have forgot the fart!" („Wir haben den Furz vergessen.")
(London)

FURZ-ENDE

Ich danke allen, die an diesem Furz mitgearbeitet haben, den argos-Mitarbeiterinnen Brigitte Klatt und Monika Knuth, meinem Mitarbeiter Christian Wirth und nicht zuletzt meinem Freund und Herausgeber Robert Pütz, dem das Geschäft mit dem Furz nicht zu windig war.

Alle Leser dieses Buches — Freunde des Furzes — die über dieses anrüchige Thema mehr wissen, als in diesem Buch verarbeitet ist, bitte ich, mir für eine mögliche erweiterte 2. Auflage ihre Materialien (Kontakt über die Verlagsadresse) zu überlassen.

Herzlichen Dank
Alfred Limbach